关键对话

如何高效沟通

滕龙江◎编著

U0735519

云南出版集团

云南人民出版社

图书在版编目（CIP）数据

关键对话：如何高效沟通／滕龙江编著 . -- 昆明：
云南人民出版社，2020.9
　　ISBN 978-7-222-19480-9

Ⅰ．①关… Ⅱ．①滕… Ⅲ．①心理交往－语言艺术－
通俗读物 Ⅳ．① C912.13-49

中国版本图书馆 CIP 数据核字 (2020) 第 153455 号

责任编辑：李　洁
装帧设计：周　飞
责任校对：胡元青
责任印制：马文杰

关键对话　　如何高效沟通
GUANGJIAN DUIHUA　　RUHE GAOXIAO GOUTONG
滕龙江 编著

出版　　云南出版集团　　云南人民出版社
发行　　云南人民出版社
社址　　昆明市环城西路609号
邮编　　650034
网址　　www.ynpph.com.cn
E-mail　ynrms@sina.com
开本　　880mm×1230mm 1/32
印张　　7
字数　　150千
版次　　2020年9月第1版第1次印刷
印刷　　永清县晔盛亚胶印有限公司
书号　　ISBN 978-7-222-19480-9
定价　　38.00元

如有图书质量及相关问题请与我社联系
审校部电话：0871-64164626　印刷科电话：0871-64191534

云南人民出版社公众微信号

前　言

　　人只要活着，就会和这个世界发生千丝万缕的联系，就难免要与人交往。交往离不开沟通，不论你与亲人沟通，与朋友沟通，与同事或者上司沟通，与客户沟通……这些无不需要沟通的技巧。"沟通是立足社会的资本"这句话也已经越发地为人们所接受。

　　语言是思想的外壳，语言的力量能够沟通世界上最复杂的信息网络——人的心灵。在职场上、商场中有"先声夺人""一诺千金"的说法；在政界有"金口玉言""一言定升迁"之语；在文化界有"点睛之笔""破题妙语"之论；在生活中也常有"生死荣辱系于一言"之说……可见，在现代社会的激烈竞争中，对于一个有实力的人而言，是否能说、是否会说，都直接影响着我们事业的成败、生活的幸福。

　　古往今来，上至英杰伟人，下至草根百姓，无人不想口才超群，也无人敢小觑口才威力。历史上，"只言掀动兴与衰，半语搅变成与败"的活生生的事例屡见不鲜。

在今天这个交往频繁的现代社会，能说、善说与巧说，更凸显其不可或缺的重要性。一个人的说话水平可以决定他的生活层次。说话水平高的人，口若悬河，谈吐隽永，妙语连珠，言辞得体，谈天说地可以"天机云锦为我用"，赞美他人能够"良言一句三冬暖"，给人安慰能够"一叶一枝总关情"……这样的人，往往容易被人尊重，受人欢迎，能赢得他人的友谊、信任、支持和帮助，在事业上也容易获得成功。而语无伦次、词不达意，"茶壶里煮饺子——肚子里有货，嘴上却倒不出来"，也会"恶语半句六月寒"，一句话能结下一个仇敌……这样的人，与人沟通时时常处处感到困窘，容易被人冷淡、遗忘，因此也就必然会给自己的生活和事业带来不利的影响。

沟通是一门艺术，需要我们在日常人际交往中多加学习和培养。在与人沟通当中，针对不同的人，要灵活运用沟通技巧，因地制宜、因人而异地展现你的沟通艺术魅力。

本书以生动、真实的事例和形形色色的故事深入浅出地向你展示了社会生活中最直接、最便利、最有效的高效沟通技巧。当你真正掌握这些技巧时，你就会发现沟通艺术带给你的巨大魔力，它不仅能让你在社交场合广受欢迎，还能使你在家庭和朋友的沟通中游刃有余。

总之，学习沟通的艺术并不是最终的目的，我们的最终目的是通过学习和了解高效沟通的艺术技巧，把这些知识运用到社会实践当中去，以高效沟通来解决工作或者生活中的各种问题，改善我们的人际关系，提升我们的生活质量。

目　录

第一章　开个好头，沟通并不难

第二章 有了好印象，沟通更顺畅

第三章 找对话题，才能让对话持续

第四章　精准表达，这样沟通更有效

第五章　言为心声，沟通从"心"开始

第六章　得体的语言，让对方愿意与你交谈

第一章
开个好头，沟通并不难

俗话说，万事开头难。在与陌生人的接触中，最难的就是开篇一席话，既要创造良好的说话气氛，又要尽可能多地了解对方，洞察对方的内心世界，有助于后续交往沟通或免于尴尬，这实在是交际中的难点。

1. 初次交往，称呼一定要得体

在社交中，人们对称呼是否恰当十分敏感。尤其是初次交往，称呼往往影响交际的效果。有时因称呼不当会使交往双方产生感情障碍。不同年龄、不同国家、不同地区、不同社会集团之间都有不同的称呼。有时候，称呼别人不是为了满足自己，而是为了满足别人。

有一位朋友，最近被提升为主任。他听到一个同事跟他打招呼时称他为"主任"，显得格外高兴。虽然平时他是个不太健谈的人，但那天却显得很有兴致。

称呼不仅仅是一种礼貌，不论我们如何称呼他人，其中最主要的是要传达这样的意思："你很重要""你很好""我对你很重视"。

使用称呼还要注意主次关系及年龄特点。如果对多人称呼，应以先长后幼、先上后下、先疏后亲的顺序。在一般接待中，要按"女士们、先生们、朋友们"的顺序称呼。使用称呼时还要考虑心理因素。如对30多岁还没有结婚的人，就称为"老王""老马"，一定会引起他的不快。对没有结婚的女人称其为"太太""夫人"，她一定很反感，但对已婚的女人称其为"小姐"，她一定会很高兴。

此外，称呼应该根据社会习惯来进行，例如称呼一般分为职业称、姓名称、一般称、代词称、年龄称。职业称有经理、科长、医生、律师、法官、教授等；姓名称一般以姓或姓名加同志、先生、女士、小姐等；一般称呼包括"太太""女士""小姐""先生""同志""师傅"等；代词称呼指用代词"您""你们"等来代替其他称呼；亲属称呼主要是以名词"大爷""大妈""伯伯""叔叔""阿姨"等来相称；对工人，比自己年龄长的可称"老师傅"；与自己同龄或小于自己的人可称"同志""小同志""师傅""小师傅"；对农民，比自己年长的可称"大伯""大娘""大妈"；与自己同龄或小于自己的人可称"同志"，在北方也可称"大哥""大姐""老弟""小妹"等；对商界人士可用"先生""女士""小姐"等相称，也可用职务相称，如"董事长""经理""主任""科长"等；对知识界可以用职业相称，如"教授""老师""医生（大夫）"，还可以用"先生""女士"相称；对文艺体育界可用职务称，如"团长""导演""教练""老师"等，对于一般的演职员、运动员就不能称"某某演员"或"某某运动员"，而要称呼"某某先生"或"某某小姐"。

对陌生人的称谓，一般来说可用以下几种方法。一是用通称，可根据人的具体年龄、性别、职业等情况称"同志""朋友""师傅""先生""小姐"等；对男人一般可以称"先生"，未婚女子称"小姐"，已婚女子称"夫人"或"太太"，若已婚女子年龄不是太大，叫"小姐"，对方也不会反感，而称未婚女子为"夫人"就是极不尊重了，所以，宁肯把"太太""夫人"称作"小姐"，也不要冒失地称对方为"夫人""太太"，一般说成年的女子都可称"女士"。二是以亲属称谓相称，根据对方的性别、年龄等情况，以父辈、祖辈、平辈的亲属称谓相称，如"大伯""阿姨""老爷爷""大娘""大嫂""大姐"等。称呼对方"大嫂"还是"大姐"时，必须谨慎从事，因为对方婚否不好确定，在没有把握的情况下，称"大姐"比较稳妥。

最后对亲属，一般应按约定俗成的称谓称呼，但有时为了表示亲切，不必拘泥于标准的称谓。但对外人称呼自己的亲属，要用谦称。称自己长辈和年龄大于自己的亲属，可加"家"字，如"家父""家母""家兄"。称辈分低的或年龄小于自己的亲属，可加"舍"字，如"舍弟""舍妹""舍侄"等。至于对自己子女的称呼，可称"小儿""小女"等。

在称呼他人的同时，还要注意一些问题。

（1）记住对方姓名

姓名不仅是将自己与他人的存在予以区别的标志，而且不少人的名字还凝聚着父母对子女的期望。每个人都会重视和珍爱自己的名字，同时，也希望别人能记住和尊重它。因此，当自己的名字被别人记住时，就认为自己受到了尊重，心里感到很高兴，对能叫出自己名字的人有亲切感。古今中外，一些领导人、政治家和企业家对人的这种心理很了解，与人寒暄时，不是只说句"您好"，而是在"您好"前面或后面冠以对方名字，这样做能使对方感到非常高兴。我们对久别之后仍能一下子叫出自己名字的人，总是感动万分、钦佩不已，就是这个缘故。

（2）要注意语言环境和称呼对象的不同

在日常生活中，我们比较熟悉的人，对其称呼就可随意点，甚至可叫别人的小名、绰号，夫妻、恋人之间私下里还可用昵称，这样显得亲切、自然，可以增加彼此之间的感情。但在公众场合，尤其是在会场上、课堂上，叫别人的小名、绰号，就会显得不严肃、太放肆，应当以"某某同志"或"某某同学"相称；对不太熟悉的人，或长辈、领导和老师，也都不宜用"小名"和"绰号"，否则，就会显得不尊敬。所以，运用称呼时，应特别注意语言的环境和称呼对象，灵活使用。在不同的语境中，对不同的对象，应运用适当的，符合人的身份、地位及体现与自己恰当关系的称呼。

（3）有礼有节有序

在与多人打招呼时，如果群体中有年长者，也有年轻人或异性在场，就要注意称呼的顺序。一般来讲，应先长后幼，先上后下，先女后男，先生疏后熟识为宜。称呼最能表达说话人的道德修养、知识水平和文明程度，也体现着他的交往技巧。称呼兼顾长幼的差异，会使年长者觉得受了尊重，年轻人也心中坦然；如顺序颠倒，不但会使年长者不满，而且被称呼到的人也会感到窘迫。再者应注意尊重女性，在与一个同样年龄、身份的群体打招呼时，先称呼女性，会使对方感到你有较高的素养，从而乐于与你交往。

俗话说，"良言一句三春暖"，称呼得体就像行个见面礼，使对方获得心理上的满足，使沟通顺畅，交往成功。反之，称呼不得体往往会引起对方的不快甚至愠怒，使双方陷入尴尬境地，造成交往梗阻乃至中断。由此可见，称呼得体与否在很大程度上决定着人们交往活动的成败和管理效果的优劣。因此，不论是从事任何职业的普通人还是身负一定职务的领导或管理者，要想生活愉快、事业发展，都需要注意研究人际称呼的技巧，努力提高自己的称呼艺术。

2. 在自我介绍中表现出你的口才

在与陌生人的日常交往中，自我介绍是必不可少的。我们不能简单地认为自我介绍就是自报姓名。在某种意义上，自我介绍是一种学问和艺术，有许多必要的技巧和尺度需要掌握。自我介绍是一个人的门面。因为通过自我介绍可以给他人留下深刻印象。印象是一个人的某些特征在他人头脑中留下的迹象。从交际心理上看，人们初次见面，彼此都有一种了解对方，得到对方尊重的愿望。这时，如果你能及时、简明地进行自我介绍，不仅满足了对方的心理诉求，而且对方也会以礼相待。这样，双方以诚相见，就为进一步交往奠定了良好的基础。同时，介绍是人际交往中与他人进行沟通、增进了解、建立联系的一种最基本、最常规的方式，是人与人进行相互沟通的出发点。

在社交活动中，想要结识某人，而又无人引荐，可以向对方作自我介绍。自我介绍的内容，可以根据自己的实际需要、所处场合而定，要有针对性。

那么自我介绍的方式又该如何确定呢？以下几点仅供参考：

（1）清楚地介绍自己的名字

在聚会场所中，一个人的名字往往代表着他的独特性，所以当介绍自己的名字时，应该正确告诉对方自己名字的读音和写法。

（2）独辟蹊径

自我介绍独辟蹊径，是指从独特的角度，选择使对方感到有意义又顺其自然的内容，以生动活泼的语言把自己"推销"给别人。而绝不是指那种借助别人威望给自己贴金的介绍，也不是指那种靠"吹"来取悦对方的介绍。

一些人介绍自己时常说："某某，是我的老朋友……""你知道著名的某某吗？我们曾住在一栋宿舍里……""我对某某问题很有研究。昨天我收到了某某杂志的约稿信……"等，这样的自我介绍也许能给人留下印象，但效果不会很好。

（3）详略得当

在一些特定情况下，自我介绍的内容需要较全面、详尽，不仅要讲清姓名、身份、目的、要求，还要介绍自己的经历、学历、资历、性格、专长、经验、能力和兴趣等。

为了取得对方的信任，有时还得讲一些具体事例。比如，求职应聘时，就要做到这一点。另外，为了适应某种情境的需要，自我介绍有时不需要面面俱到地将姓名、爱好、年龄、性格等一股脑儿地和盘托出。在自我介绍中运用"以点代面""抓住一点不计其余"的方法，反而能收到意外效果。

在自我介绍时，以下几点需要注意。

（1）要自信

在日常交往中，有些人怕见陌生人，见到陌生人，似乎思维也凝固了，手脚也僵硬了，本来说话很爽快的，也变得说话结巴，本来笨嘴笨舌的，这时嘴巴更像贴了封条。这种状况怎能介绍好自己呢？要克服这种胆怯心理，关键是要自信。有了自信，才能介绍好自己，给别人留下好的印象。

（2）要真诚自然

自我介绍是一种接近对方的语言艺术，这种艺术绝不是花言巧语，而是以真诚、热心、礼貌、得体为基础的。所以，当你希望掌握这种初次见面就能迅速和对方展开沟通交流的语言艺术时，务必保持诚恳的态度。

（3）对象分明

自我介绍的根本目的是要给对方留下印象，因此要站在对方理解的角度来说话。比如第一次参加某方面的研讨会，你站起来说："我叫××，我来发个言。"此时在场的人一定会这么想：这是什么人？怎么从来没见过？他代表哪方面？他的意见值得听吗？所以，面对有这么多想法的听众，你只介绍"我叫××"是不行的，别人不会专心听你的发言。如果你理解了听众的心理，就可这样介绍："我叫××，是××政府的领导，我第一次参加这样的研讨会，望大家多多指教。现在我就这个问题谈谈自己的看法……"这样的介绍，才不会使听众心中结下疑团，也才能使听众专心听你的发言。

所以，在介绍自己时，一定要重视打交道的人，要随机应变。如你面对的是年长、严肃的人，你最好认真、规矩些；如与你打交道的人随和而具有幽默感，你不妨也以放松的姿态展示自己的特点，做有特色的自我介绍。

总之一句话，要在自我介绍中表现出你的口才，让它成为吸引人的广告，刻入人心。

3. 沟通，从记住他人的名字开始

在和陌生人交往的过程中，记住对方的名字很重要。能够记牢对方的姓名，可以快速拉近彼此的距离，使对方对你有良好印象。

对很多人而言，他的名字是语言中最甜美、最重要的词汇。认真记住别人的名字，能让你结交更多的朋友，助你事业更加顺利。

熟记对方的姓名，在任何时候，都是一件不能疏忽的事情。记住对方的名字，并把它叫出来，等于很巧妙地给对方一个赞美。在和陌生人交往时，这一点尤为重要。

其实，记住他人的名字并不是一件难事，如果你肯花上一点点时间去记，就可轻而易举地办到。然后再真心与人相处，就能与对方建立友谊。

记住名字不仅是礼貌，还是对他人的尊重。

成功学大师卡耐基说："记住，不论在哪一种语言情境中，一个人的名字都是最甜蜜、最重要的声音。"

安德鲁·卡内基被称为钢铁大王，但他自己对钢铁的制造懂得很少。他手下有好几百个人，都比他了解钢铁。

但是他知道怎样为人处世，这就是他发大财的原因。他小时候，就表现出组织才华。当他10岁的时候，他发现人们把自己的姓名看得很重要。而他利用这项发现，去赢得别人的合作。例如，他孩提时代在苏格兰的时候，有一次抓到一只兔子，那是一只母兔。他很快发现多了一窝小兔子，但没有东西喂它们。可是他有一个很妙的想法。他对附近的孩子们说，如果他们找到足够的苜蓿和蒲公英，喂饱那些兔子，他就以他们的名字来给那些兔子命名。这个方法太灵验了，卡内基一直忘不了。好几年之后，他在商业界利用类似的方法，赚了好几百万元。例如，他希望把钢铁轨道卖给宾夕法尼亚铁路公司，而艾格·汤姆森正担任该公司的董事长。因此，安德鲁·卡内基在匹兹堡建立了一座巨大的钢铁工厂，取名为"艾格·汤姆森钢铁工厂"。当卡内基和乔治·普尔门为卧车生意而互相竞争的时候，这位钢铁大王又想起了那个关于兔子的经验。

卡内基控制的中央交通公司正在跟普尔门所控制的那家公司争夺生意。双方都拼命想得到联合太平洋铁路公司的生意，你争我夺，大杀其价，以致毫无利润可言。卡内基和普尔门都到纽约去参加联合太平洋的董事会。有一天晚上，他们在圣尼可斯饭店碰头了，卡内基说："晚安，普尔门先生，我们岂不是在出自己的洋相吗？"

"你这句话怎么讲？"普尔门问道。

于是卡内基把他心中的话说出来——把他们的两家公司合并。他把合作的好处说得天花乱坠。普尔门倾听着，但是他并没有完全接受。最后他问："这个新公司要叫什么呢？"卡内基立即说："普尔门皇宫卧车公司。"

普尔门的眼睛一亮。"到我房间来，"他说，"我们来讨论一番。"这次讨论改写了美国工业史。

德鲁·卡内基以能够叫出许多员工的名字为傲；他很得意地说，当他亲任主管的时候，他的钢铁厂未曾发生过罢工事件。

名字对一个人来说，应该算是最重要的东西之一了吧。一个人从出生到去世，名字就一直和他相伴。人们不能没有名字，因为这是一个人区别于其他人的重要标志。叫响一个人的名字，这对于那个人来说，是任何语言中最动人的声音。

但是，很多人不记得别人的名字，因为他们认为没有必要下功夫和精力去记别人的名字。如果问他们为什么，他们肯定会为自己找借口，说自己很忙。一般人大概不会比罗斯福更忙，可是罗斯福甚至会把一个技工的名字，牢牢地记下来。

罗斯福总统知道一种最简单、最明显、最重要的获得好感的方法，那就是：

记住对方的姓名，使别人感到自己很重要。

但是，我们又有多少人能这样做呢？

记忆姓名的能力，在事业上、交际上和管理上是同样重要的。

法国皇帝拿破仑三世，即伟大的拿破仑的侄儿，曾经自夸自己虽然国事很忙，可是，他能记住所见过的每一个人的姓名。

他有什么高招吗？其实很简单，假如他没有听清楚，他就说："对不起，我没有听清楚。"如果是个不常见到的姓名，他就这么问："对不起，请告诉我这名字如何拼写？"

在与别人谈话中，他会不厌其烦地把对方姓名反复地记忆数次，同时在他脑海中把这人的姓名和他的脸孔、神态、外形联系起来。如果这人对他是重要的，他就更花心思些，在他独自一人时，他会把这人的姓名写在纸上，仔细地看着、记住，然后把纸撕了。这样一来，他眼睛看到的印象，就跟他听到的一样了。

这些都很费时间，但爱默生说："良好的礼貌，是由小的牺牲换来的。"

4. 尊重他人是沟通的第一步

尊人者，人尊之。尊重他人，这是一个非常重要的做人的道理。人与人之间的交往，都应建立在真诚与尊重的基础上。人唯有尊重他人，尊重自己，才能赢得他人对自己的尊重。

哲学家威廉·詹姆士说过："潜藏在人们内心深处的最深层次的动力，是想被人承认、受人尊重的欲望。"渴望受人喜爱、受人尊敬、受人崇拜，这是人类天生的本性。但是，有取必有予，我们希望获得些什么，就必须先学会付出。我们希望获得别人的尊重，就要先学会尊重他人。

人类具有社会性、群体性，沟通是人类不可缺的，不管是职场或是生活中，喜悦或愤怒的表达，都必须仰赖"沟通"。而要做到有效的沟通，就必须尊重对方，才能事半功倍。

法国著名的将军狄龙在他的回忆录中曾讲过这样一件事：

一战期间的一次恶战，狄龙带领第八十步兵团进攻一个城堡，但遭到了敌人顽强的抵抗，步兵团被对方压住无法前行。狄龙情急之下大声对他的部下说："谁设法炸毁城堡，就能得到1000法郎。"

狄龙认为士兵们肯定会前仆后继，但是没有一位士兵敢冲向城堡。狄龙将军恼怒异常，大声责骂部下懦弱，有辱法兰西的军威。

一位军士长听罢，大声对狄龙说："长官，要是你不提悬赏，全体士兵都会发起冲锋。"

狄龙听罢，转而发出另外一个命令："全体士兵，为了法兰西，前进。"

结果，整个步兵团从掩体里冲出来，最后，全团1194名士兵只有90人生还。

对于一个军人，如果用金钱驱使他们作战，无疑是奇耻大辱。在他们看来，他们把尊严看得比生命还重要。尊重的力量，在关键时刻起到了决定性的作用。

尊重是沟通心灵的桥梁。尊重他人，与人沟通就有了良好的开端，没有尊重的沟通是难以持续下去的。相互尊重，相互认可，感受对方的心情是沟通迈向成功的第一步。

现实生活中，我们要学会尊重每一个人，无论这个人的身份和工作多么卑微，穿着或长相有多么寒酸，我们都应尊重对方，这是具备良好品质的前提。要知道，尊重没有高低贵贱之分，而且尊重别人就是在尊重自己。

迈克就曾因不尊重他人，而付出了沉重的代价。迈克是一家小服装公司的老板，其公司的产品大都通过一家外贸公司销往国外。迈克的公司与这家外贸公司长期合作，保持着很好的业务往来。外贸公司的胖子经理就如同迈克的财神爷一样受到迈克的欢迎。

在一次谈判中，迈克极力劝说外贸公司和他们扩大贸易范围，但胖子经理就是不答应。迈克费尽了口舌，依然一无所获。此时，迈克恼羞成怒，胖子经理刚走，他就对手下人说："你看那胖子，往公司大门口一站，蚊子就只有侧着身子才能过来。"恰巧这时胖子经理回来取忘了拿的手机，正好听到了迈克的嘲讽。

胖子经理望了望迈克，拿起东西就走了，迈克甚是尴尬。之后他多次想方设法赔礼道歉，但胖子经理始终未置可否。两家公司也就逐渐减少了合作，直至分道扬镳，迈克为此损失甚多。

有时，我们都希望赢得别人的尊重，却往往忽视了尊重别人。"己所不欲，勿施于人"，是尊重他人的基本原则。心理学研究表明，人都有沟通、受尊敬的欲望，并且沟通和受尊重的希望都非常强烈。人们渴望自立，成为家庭和社会中真正的一员，平等地同他人进行沟通。如果你能以平等的姿态与人沟通，对方会觉得受到尊重，而对你产生好感；相反的，如果你自觉高人一等、居高临下、盛气凌人地与人沟通，对方会感到自尊受到了伤害而拒绝与你交往。

尊重在自尊自爱的基础上诞生。如果你很自卑，也不必责备自己，只要你愿了解自己，愿意上进，这种情况最终是可以改变的。

　　一个颇有名望的美国富商在路边散步时，遇到一个衣衫褴褛、骨瘦如柴的摆地摊卖旧书的年轻人，在寒风中啃着发霉的面包。曾经有过同样苦难经历的富商顿生一股怜悯之情，便不假思索地将8美元塞到年轻人的手中，然后头也不回地走开了。没走多远，富商忽然觉得这样做不妥，于是连忙返回来，从地摊上捡了两本旧书，并抱歉地解释说自己忘了取书，希望年轻人不要介意。最后，富商郑重其事地告诉年轻人说："其实，您和我一样也是商人。"

　　几年之后，富商应邀参加一个商界云集的慈善募捐会议时，一位西装革履的年轻书商迎了上来，紧握着他的手不无感激地说："先生，您可能早忘记我了，但我永远也不会忘记你。我一直认为，我这一生只有摆摊乞讨的命运，直到您亲口对我说，我和您一样都是商人，这才使我树立了自尊和自信，从而创造了今天的业绩……"

　　富商万万也没有想到，几年前的一句普通的话竟能使一个自卑的人树立了自信心，看到了自己的优势和价值，终于通过自强不息的努力获得了成功。

　　不难想象，这位富商当初即使给年轻人很多钱，没有那一句尊重鼓励的话，年轻人或许也不会想去改变人生，这就是尊重的力量。

　　每个人都有让人尊重之处，善于发现别人的长处，尊重别人——"人不如己，尊重别人；己不如人，尊重自己。"无论身处何位，尊重别人与自我尊重一样重要。一个人只有懂得尊重别人，才能赢得别人真正的尊重。

5. 会说话的人，不一定是说话最多的人

清代画家郑板桥有诗云："削繁去冗留清瘦，画到生时是熟时。"当今语言大师们大多都认同"言不在多，达意则灵"的说法。可见，用最少的话明确表达意思，是会说话的最基本要求。

有一次，纽约报纸的财经专页上刊登了一则大型广告，招聘具备特殊能力和经历的人，卡贝利斯应征了这个职位，并把简历寄出。几天后，他接到一封面试邀请信，面试前，他花费几个小时的时间在华尔街寻找这家公司创始人的一切消息。

面试一开始，他从容不迫地说："我非常庆幸自己能够和这样的公司合作。据我了解，这家公司成立于28年前。当时只有一间办公室和一名速记员，对吗？"

几乎所有的成功人士都喜欢回忆创业之初的情景。这位老板也不例外，他花了很长时间来谈论自己如何以450美元现金和一个原始的想法创业，并战胜了挫折和嘲笑。他每

天工作16—18个小时，节假日也不休息，最终战胜了所有的对手，现在华尔街最知名的总裁也要到这里来获取信息和指导，他为此深感自豪，而这段辉煌经历也的确值得回忆，他有资格为此骄傲。最后，他简要地询问了卡贝利斯的经历，然后叫来副总裁说："我认为这就是我们需要的人。"

卡贝利斯先生大费周折地研究未来雇主的成就，表现出对他的强烈兴趣，他还鼓励对方更多地谈论自己——这一切都给老板留下了美好的印象。

在与人交谈中，多给别人说话和表现的机会，这会增加对方对你的好感。多给别人说话的机会，这不仅是对对方的尊重，同时也给自己思考的余地。要知道谈话不是演讲，不是独角戏，而是双方交流的活动。在谈活中，只以自己为中心，必然会令人生厌。所以在与他人交谈时，给对方创造说话的机会，要比我们自己说好得多。

某大学，准备建立一座现代化的电教大楼，一些厂家得知这一消息后，纷纷上门，希望该校负责设备的张教授购买他们的产品，有的一个劲地向张教授介绍他们厂的产品如何如何好；有的销售人员还暗示，如购买他们厂的产品，可以从中得到一笔可观的回扣，而A厂的王主任，却采取了与众不同的方法，他给张教授写了一封信，内容大致如下：尊敬的张教授，我们知道您是电化教学仪器设备的专家，今天写信打扰，是因有一件事希望您能帮点小忙，我们厂新近生产了一套电教方面的设备，在投入批量生产之前，我们想请您指导一下，看看哪些地方尚需改进。我们知道您的工作很忙，因此很乐意在您指定的任何时间，派车前往迎接。接信后，张教授感到十分荣幸，他立即给王主任回信：本周末愿意前往。在王主任陪同下，张教授仔细观察、试行操作了该厂的产品，结果，只在一些小细节上提出一些改进意见。回校三天后，厂里接到张教授的来信："经研究决定，我们购买贵厂的电教产品……"王主任谦虚地请教张教授，让张教授自觉自愿选购其产品，并让张教授觉得这完全是他自己的主意，从而获得了销售的成功。

征服人心其实很简单——把话语权多留给别人一些，你就拥有了更多成功的可能。

在初次交往中，如果你一味地啰唆，就会使人反感，这样就削弱了你在他人心中的地位。英国人波普曾说："话犹如树叶，在树叶太茂盛的地方，很难见到智慧的果实。" 讲话简练有力，能使人兴味不减；冗词赘语，唠叨啰唆不得要领，必令人生厌。

马克·吐温讲过这样一个故事：

有个礼拜天，马克·吐温到礼拜堂去，适逢一位传教士在那里用令人哀怜的语气讲述非洲传教士苦难的生活。当他说了5分钟后，马克·吐温马上决定对这件有意义的事情捐助50元；当他接着讲了10分钟后，马克·吐温就决定把捐助的数目减至25元；当他继续滔滔不绝地讲了半小时后，马克·吐温又决定减到5元；最后，当他讲了一个小时，拿起钵子向听众哀求捐助并从马克·吐温面前走过的时候，他却反而从钵子里拿走了2元钱。

通过幽默的故事我们可以看出，讲话还是短一点、实在一点好，长篇大论、泛泛而谈容易引起听众的反感，效果反而不好。

有句俗语说得好："蛤蟆从晚叫到天亮，不会引人注意；公鸡只啼一声，人们就起身干活"。的确，会说话的人，不一定是说话最多的人，话贵在精，多说无益。

而现实中，说话啰唆的人往往觉得自己所说的含义丰富，他们认识不到自己的问题。有两个多年未见面的老朋友相聚，他们为此盼望了很久。结果其中一个带了他热情开朗的新婚妻子一起来。那位妻子从一开始就独占了整个谈话，滔滔不绝，一个接一个地说着一些自己觉得很好笑、很有趣味的事情。出于礼貌，两个男人沉默地听着，偶尔尴尬地彼此对看一眼。当他们分手的时候，那位妻子站在门口的台阶上挥舞着手套，兴高采烈地说："再见！"她觉得度过了一个很有意义的夜晚，认识了丈夫的朋友，还进行了一次快乐的谈话。而两个男人却对老朋友分别多年后的情况仍旧一无所知，心里诅咒着这个开朗得过分的女人，即使她的丈夫也是如此。

对于说话啰唆的人，心理学专家们为他们罗列出七个典型的特征：

（1）打断他人的谈话或抢接别人的话题，希望整个谈话以"我"为重点；

（2）由于自己注意力分散，一再要求别人重复说过的话题。或一再重复自己已经说过的话；

（3）像连珠炮一样连续表达自己的意见，使人觉得不尊重他人，难以应付；

（4）随便解释某种现象，轻率地下定论，借以表现自己是内行；

（5）说话不合逻辑，令人难以领会其意图；轻易地从一个话题跳到另一个话题，令听者感觉莫名其妙；

（6）不适当地强调某些与主题风马牛不相及的东西，东拉西扯；

（7）觉得自己说的比别人说的更有趣。

"是非只为多开口"，话说得多，出毛病的机会也就多。所谓大智若愚便指，聪明的人大都不随便说话，唯有胸无半点墨的人喜欢大吹大擂。宁可把嘴闭起来使人怀疑你浅薄，也胜于一开口就使人证实你的浅薄。这是一句值得每个人牢记的名言。

滔滔不绝，出口成章，是一种水平，而善于概括、词约旨丰、一语中的，同样是一种水平，而且更为难得。

6. 营造良好和谐的谈话气氛

谈话是一种思想感情、看法等的表达，但是，仅仅把谈话理解为"表现自己的内心世界"是片面的。最好的谈话意味着信息的交换、兴趣的分享和思想的交流。

很多人都会有这样的感觉：和有的人一起交谈，会觉得谈得很尽兴；而和有的人交谈，总感觉很别扭，不能畅所欲言。造成这种不同感受的因素很多，其中关键的一点是谈话气氛，它是谈话能否顺利展开的前提。崔永元的节目每每能够让嘉宾畅所欲言，让观众大呼过瘾，都源于他高超的营造谈话气氛的能力。

那么，初次见面，如何营造良好、和谐的谈话气氛呢？

（1）表达方式口语化

口语来自生活常态，它自然、灵活、通俗、生动。而且，口语化不仅仅是一种表达方式的选择，更重要的是营造了一个自由、平等、开放的谈话空间。我们很讨厌别人打官腔，一旦对方这么跟你说话，你就知道再谈下去已经没有任何必要了。口语化营造的亲切氛围，让心的距离更近，让双方更愿意敞开心扉。崔永元的平民化语言，使得他好像在和嘉宾聊家常，这样的氛围解除了嘉宾的顾虑，放下了担心，最后甚至达到了想说什么就说什么的效果。

（2）交流方式平等化

我们看到一些主持人和嘉宾交流，把自己放在居高临下的位置，这就不可避免地导致他们对别人的谈话内容自以为是地下结论，甚至强硬地、武断地下结论。

"这些年，您一个人生活得太孤独了。"主持人的表情中带着一种职业的怜悯。"不，我一个人生活得很好，一点都没有感到孤独。"男嘉宾不以为然。主持人依然很执着："鬼才相信呢。"如果面对这样的谈话对象，那我们很可能三句话后就会拂袖而去。

有的人在和别人交谈时，就像个小学生，脑子里装着十万个为什么，什么都问，结果弄得对方烦不胜烦，最后很可能不欢而散。

事实上，和别人交谈，所谓的交流方式的平等化，就是以"真诚"的态度，以"合作"的心态，发自内心地、实在地和对方交流，这样，对方才会感受到真诚，并产生交流的愿望。

（3）消除紧张

陌生人交谈，会因为彼此的不了解导致紧张，而紧张就会让表达变得不完整，甚至词不达意，所以，消除紧张，让双方以一种平和的心态交谈，是必要的前提。

（4）调节气氛

老朋友见面自然熟络，但是和陌生人交谈，容易冷场，这个时候就要适时地调节一下气氛，使谈话不至于停顿。幽默是最好的缓解矛盾、冲淡尴尬、控制节奏、调节气氛的办法。

（5）适当地引导

有些人是善于谈话的，可以说得兴趣盎然、妙趣横生，使气氛愉快、热烈；而有的人是不善于交谈的，不仅很难将自己的意思表述完整，而且还很容易跑题。这样的情况，如果生硬地打断他，就会很尴尬，但强行让他回到主题上，也很容易挫伤对方的自尊心，而使谈话中断，最好的办法还是使用幽默语言，巧妙地、不着痕迹地引导对方始终围绕主题。

总体上来讲，在交谈中要努力使谈话热烈，不要阻止思想的交流。同老朋友在一起这不成问题，我们了解他们的爱好和兴趣，但是和陌生人在一起，困难就产生了，我们不易找出他们的兴趣，可以试着用下面的方法来轻松愉快地同陌生人谈话。

（1）尽量先从朋友、熟人那里了解一些陌生的交谈对象的情况，以及他的职业和兴趣。

（2）当走进陌生人家时，留心观察，找出能够帮你了解主人的线索，比如他家里挂什么画，存什么书等，如果不喜欢他们的古董，就不要谈论它们，找出那些您赞赏和有兴趣的东西作为话题的开始。

（3）特别留意别人向你介绍陌生人时的信息。例如，当听到"李先生刚从欧洲回来"时，你可提一些关于欧洲的见闻，或者请他谈谈在那里的感受，或者仅仅表示有机会听到些那遥远地方的消息，感到非常高兴。这样，可以让你们的对话进一步深入下去。

（4）用谈自己的情况的方法来启发、激励对方谈他自己的情况。

（5）可以问问对方日常生活中的喜好，逐步深入了解对方，一定要注意避免涉及较私人的问题。

（6）陌生人讲的头几句话往往能提供给你关于他兴趣的线索，要特别注意。

（7）想办法消除对方的紧张，你紧张，说不定对方比你更紧张，可以用一些轻松的话题开始。

（8）留意对方的语气、表情、手势的变化，随机应变。

（9）对陌生人要避免可能引起争论和刺激性的话题。

7. 初次见面，让人感觉到你的热心和诚意

我们在与人初次交往时，应秉持一颗真诚的心，将自己最好的一面通过"说话"表达出来，不流于巧言令色、油嘴滑舌。

真诚是人类最伟大的美德之一，一个对生活、对事业、对自己真诚的人，写文章能以真诚动人，办事情能以真诚悦人，说话能以真诚感人，那么他所具有的这些力量怎能不使他取得成功呢？俗话说得好："有了巧舌加诚意，就能够用一根头发牵动一头大象。"

美国石油大王洛克菲勒的儿子小洛克菲勒，在1915年处理一次工业大罢工时，就是以诚恳的演说，解决了与工人之

间的矛盾。

科罗拉多州煤铁公司的矿工为了要求改善待遇，举行了罢工，因为公司方面处置不善，这次罢工又演变成了流血的惨剧，劳资双方都走了极端。这次罢工，持续了两年之久，成为美国工业史上一次有名的大罢工。小洛克菲勒，最初使用军队来镇压的高压手段，酿成了流血惨剧，不仅没有解决问题，反而使罢工的时间延长下去，使自己名下资产受到了更大的损失。后来，他改变方法，采用柔和的手段，把罢工的事情暂时置之不谈，他深入到工人当中，亲自到工人家中慰问，这让工人的情绪慢慢地转变。以后，他叫工人们组织代表团，以便和资方洽商和解。他看出了工人们已经对他稍稍释去了敌意，于是，便对罢工运动的代表们做了一次十分中肯的演说。就是这一次演说，解决了两年来的罢工风潮。

在演讲中，小洛克菲勒说："在我有生之年，今天恐怕要算是一个最值得纪念的日子。我十分荣幸，因为能够和诸位认识，如果我们今天的聚会是在两个星期之前，那么，我站在这里就会是一个陌生人了；因为我对于诸位的面孔的认识还只是极少数。我有机会到南煤区的各个帐篷里去看了一遍，和诸位代表都进行了一次私人的谈话；我看过了诸位的家庭，会见了诸位的妻儿老幼，大家对我都十分客气，完全把我看作自己人一般。所以，今天我们在这里相见，我们已经不是陌生人而是朋友了。现在，我们不妨本着友谊，共同来讨论一下我们大家的利益，这是使人感到十分高兴的一件事。参加这个会的是厂方的职员和工人代表，现在蒙诸位的厚爱，我才能在这里和诸位相见并努力化解一切矛盾，彼此成为好友，这种伟大的友谊，我是终生不会忘掉的。我们大家的事业和前途，从此更是开启了无限的光明的未来。在我个人，今天虽然是代表着公司董事会，可是，我和诸位并不站在对立面，我觉得我们大家都是有着密切的关系和友谊的。我们彼此关联的问题，现在我很愿意提出来和大家讨论一下，让我们一起从长计议，直到获得一个双方都能兼顾到的圆满的解决办法，因为，这是对大家有利的事……"

小洛克菲勒的讲话，虽没有华丽的辞藻，但话语诚恳，引起了矿工广泛的共鸣，一下子就使自己摆脱了困境。

有时候，真诚的语言不仅会给我们带来成功，还可能带来神话般的奇迹。反之，如果一个人在语言上，不遵循"诚能感人"的原则，就会失信于众，轻则影响个人的形象和声誉，重则危及组织的前途和生存。

一个平凡的业务员，在做了十几年的推销工作后，他十分反感和厌恶那些长期以来用强颜欢笑、编造假话、吹嘘商品等招揽顾客的做法。他觉得这是生活上的一种压力，为了摆脱这种压力，他决定对人要以诚相待，不对顾客讲假话，要以一颗真诚的心来对待他们，即使被解雇也无所谓。出乎意料的是，当这种想法浮现在大脑后，他顿时觉得自己的心情比以往更轻松了。

这天，当第一个顾客来到店里，问他店中有没有一种可自由折叠、调节高度的椅子时，他就搬来椅子，如实地向顾客介绍。他说："老实说，这种椅子质量不是很好，我们常常会接收到顾客的投诉和退货。"

顾客说："是吗？很多人家都用这种椅子，我看它似乎还挺实用的。"

"也许是吧。不过，据我看，这种椅子不一定能升降自如。您看，没错，它款式新，但结构有毛病。如果我隐瞒它的缺点，就等于是在欺骗您。" 这位业务员耐心地给顾客解答。客人追问："你说结构有毛病？"

"是的，它的结构过于复杂精巧，反而不够简便。"

这时，业务员走近椅子，用脚去踩脚踏板。本来要轻踩，但是他一脚狠狠踩下去，使椅子面突然向上撑起，正好撞到顾客扶在上面的手上。业务员急忙道歉："对不起，我不是故意的。"

没想到客人反而笑起来，说："没关系，不过我还要仔细看看。"

"没关系，买东西如果不精心挑选，会很容易吃亏的。您看看这椅子的木料，品质并非上乘，贴面胶合也很差。坦白说，我劝您还是别买这种椅子，不如看看其他牌子的，要不到其他店看看也可以，说不定那里会有更好的椅子。"业务员说。

　　客人听完这番话，十分开心，要求买下这把椅子，并马上取货。但是，等到这位顾客一走，业务员就立即遭受到经理的训斥，同时被告知到人事部办理离职手续。过了一个小时，业务员正整理东西，准备打包回家时，店内突然来了一群人，争相购买这种椅子，几十把椅子一下子就买空了。

　　当然，这些人都是刚才那位顾客介绍来的。看到店里生意如此火暴，经理大感吃惊，最后业务员不仅没被辞退，工资还提高三倍，休假时间也增加一倍。经理甚至还称赞他如实介绍商品的做法，是一种新型的售货风格，应该继续保持。

　　语言可以表现一个人的人格。即使是语言比较笨拙的人，只要是发自内心的真诚，就能从话语间流露出来。相反，如果话语并非真诚地发自内心，即使说再华丽的语言也会被人看穿。所以，在与陌生人说话时，满怀真诚是最重要的。

8. 用"我们"拉近与陌生人的心理距离

　　用"我们"代替"我"，可以缩短你和陌生人之间的心理距离，促进彼此之间的感情交流。

　　我们经常看到记者这样采访："请问我们这项工作……"或者"请问我们厂……"演讲者多使用："我们是否应该这

样""让我们……"这种表达方式。事实上，这样说话往往能使你觉得和对方的距离被拉近，并且和缓亲切。因为"我们"这个词，也就是要表现"你也参与其中"的意思，所以会令对方心中产生一种参与意识。

人的心理是十分微妙的，同样是与人交谈，有的说话方式会令对方反感，有的说话方式会令对方不由自主地产生妥协之心、亲近之情。如有演讲者对听众说"你们必须深入了解这个问题"，这拉开了听众与演讲者的距离，使听众无法与演讲者产生共鸣。如果改为"我们最好再做更深一层的讨论"就会缩短与听众之间的距离，立刻使气氛活跃起来，达到共鸣的效果。因此，若想说服别人，不妨多使用"我们"的表达方式。

人心是很微妙的，同样是与人交谈，有的说话方式会令对方反感，而有的说话方式却会令对方不由自主地产生妥协之心。

事实上，我们在听别人说话时，对方说"我""我认为"带给我们的感受，将远不如说"我们"，因为采用"我们"这种说法，可以接近彼此的距离。

一次聚会，有位先生在讲话的前三分钟内，一共用了36个"我"，他不是说"我"，就是说"我的"，如"我的公司""我的花园"等。随后一位熟人走上前去对他说："真遗憾，你失去了你的所有员工。"

那个人怔了怔说："我失去了所有员工？没有呀，他们都好好地在公司上班呢！"

"哦，难道你的这些员工与公司没有任何关系吗？"

亨利·福特二世描述令人厌烦的行为时说："一个满嘴'我'的人，一个独占'我'字、随时随地说'我'的人，是一个不受欢迎的人。"

因此，会说话的人，在语言传播中，总会避开"我"字，而用"我们"开头。下面的几点建议可供参考。

（1）尽量用"我们"代替"我"

很多情况下，你可以用"我们"一词代替"我"，这可以缩短你和大家的心理距离，促进彼此之间的感情交流。

例如："我建议，今天下午……"可以改成："今天下午，我们……好吗？"

（2）这样说话时应以"我们"开头

在员工大会上，你想说："我最近做过一项调查，我发现40%的员工对公司有不满的情绪，我认为这些不满情绪……"

如果你将上面这段话的三个"我"字转化成"我们"，效果就会大不一样。说"我"有时只能代表你一个人，而说"我们"代表的是公司，代表的是大家，员工们自然容易接受。

（3）必须用"我"字时，以平缓的语调讲

不可避免地要讲到"我"时，你要做到语气平淡，既不把"我"读成重音，也不把语音拖长。同时，目光不要逼人，表情不要眉飞色舞，神态不要得意扬扬，你要把表述的重点放在事件的客观叙述上，不要突出做事的"我"，以免使听的人觉得你自认为高人一等，觉得你在吹嘘自己。

在人际交往中，"我"字讲得太多并过分强调，会给人突出自我、标榜自我的印象，这会在对方与你之间筑起一道防线，影响别人对你的判断。

9. 亲和一点，让谈话更融洽

很多人把口才等同于说话，这完全是对口才的一种误解。口才是一种说话的能力，但同时还包括表情、动作、身体语言等内容，这些都是传递信息的重要组成部分。比如，微笑的表情就是向对方传递友好的信息，同时也让自己放松，这是有助于语言表达的。所以，应该全面地认识口才。

口才首先是能清楚地表达自己的思想。不是会说话就能说清楚，所以，口才不是会说话，而是说清楚。

其次，让对方能听明白。这有一个先决条件，让对方喜欢听。方式有很多，亲和、不做作是其中之一。也就是说，只有让对方感受到你的亲和、不做作，和对方的心灵达到相通、共振、共鸣的境界，让对方感觉到你是自己人，对方就会喜欢听你说话。

最后，认真倾听对方表达自己的观点。这一点很重要，首先需要有一个良好的态度，那就是平等，让对方感受到你的尊重，对方才可能说出他的心里话。颐指气使、强横说教，都是让人讨厌的态度。

心理学家研究表明：如果你决定提高你的社交技巧，决定结婚（自愿的）或者至少跟一个人住在一起，决定追求有意义的目标并且在过程中、在小事上享受快乐，那么，你的幸福感就能提升10%—15%；如果你能不吝惜自己的微笑，亲和地对待他人，那么，你的幸福感就能提升20%—50%。

微笑就是让人显得亲和、不做作的重要因素之一。亲和力，是无障碍沟通的基础，拥有亲和力，是成功沟通的前提。没有亲和力，我们只能看见自己的观点，而把对与错、责备与羞耻、缺陷与内疚强加到别人身上。

亲和力是"对距离的想法"，是与他人共享同一个空间的能力；亲和力是交际主体与人交往时所散发出来的让交际对象钦佩、赞赏、认同的高尚品德和人格魅力；亲和力是发自内心的一种感染力，是人生性随和、性格淡然、保持平常心的一种表现，让人感觉很面善、很舒服、很自然，大家都喜欢和有亲和力的人说话、合作，不会产生嫉妒；亲和力是在人与人相处时所表现的亲近行为的动力水平和能力，促使交际主客体凝聚，从而产生和谐的交际环境，使交际主体更富有人缘魅力。

一家工厂面向社会招聘厂长，其中一位四十多岁的女士获得了大家的一致好评而胜出。让我们看看她在竞职演讲过程中的表现：

问："你是个外行，靠什么治厂，怎样调动起大家的积极性？"

答："论管理企业我并不认为自己是外行，何况我们厂还有那么多懂管理的干部和技术高超的老工人，有许多朝气蓬勃、勇于上进的年轻人。我上任后，把老师傅请回来，把年轻人的工作、学习和生活安排好，让每个人都干得有劲，玩得舒畅，把工厂当成自己的家。"

问："咱们厂不景气，去年一年没发奖金，我要求调走，你上任后能放我走吗？"

答："你要求调走，是因为工厂办得不好，如果把工厂办好了，我相信你就不走了。如果你选我当厂长，我先请你留下半年看有无起色再说。"

话音刚落，全场立即掌声四起。

问："现在正议论机构和人员精简，你来了以后要减多少人？"

答："调整干部结构是大势所趋，现在科室的干部显得人多，原因是事少，如果事情多了，人手就不够了。我来以后，第一目的不是减人，而是扩大业务、发展事业……"

问："我是一名女工，现在怀孕七个多月了，还让我在车间里站着干活，你说这合理吗？"

答："我也是女人，也怀孕生过孩子，知道哪个合理，哪个不合理，合理的要坚持，不合理的一定改正。"

女工们立即活跃了起来。有的激动地说："我们大多是女工，真需要一位体贴、关心我们疾苦的厂长啊！"

　　亲和力是亲切、友善、易于被别人接受的一种力量，就如同美好的事物令人无法拒绝一样。亲和力不是靠说话态度来产生的，而是一种自然而然的力量，它让交往双方都感觉到快乐。

　　亲和力是人与人之间信息沟通、情感交流的一种能力。它能促进陌生人之间的沟通和交流，人都是有感情的，感情的沟通和交流能让陌生人之间建立一座信任的桥梁。信任的建立将会有效地消除人与人之间的交流难度。

　　一位父亲在自己女儿的婚礼上致辞，起初他策划的演讲仅仅表述了对女儿婚庆的欣喜和祝福，后来他想，只有使演讲内容凸显人际亲和力，使婚家的欢喜与来宾的欣喜共融，才能收到宾主尽欢的互动效果。于是，他的演讲是这样的："今天，爱女婷婷与爱婿斌斌如愿地携手步上了婚姻的红地毯，幸福的阳光从此将照耀着一对新人，美满的喜气从此将萦绕在他们身上，爱情的春风从此将沐浴着他们的心田。一句话，我恭贺他们幸福永远、喜气永久、爱情永恒。同时，我要特别感谢今天光临的各位来宾，你们不仅给一对新人带来了喜气和幸福，也将会给自己营造幸运与欢乐。因为，给他人创造幸福的人，自己也将得到幸福；给他人送上喜气的人，自己也会获得喜气；护佑他人爱情的人，自己的爱情也将永葆青春。所以，一对新人将会永远感谢你们，你们同样会幸福永远、喜气永久、爱情永恒……"

这位父亲不单单为自己的女儿和女婿贺喜祝福,而且把福、喜、爱也赠送给了各位宾客,以情感推演的方法愉悦了人们的心境,使宾主双方都沉浸在幸福、喜气和恩爱的情感氛围之中,使来宾们得到了莫大的心理满足。

第二章
有了好印象，沟通更顺畅

　　初次见面是沟通的开始，第一印象决定了双方今后的交往，可见初次见面在人际交往中的重要性。形容被第一印象打动的爱情有一个很美妙的词叫"一见钟情"，所以，对于大部分人来讲，只要掌握一定的说话技巧，一见如故的概率定是百分之百。

1. "慎初"，给人留下良好的第一印象

在人与人的交往中，我们常常会说或者会听到这样的话：

"我从第一次见到他，就喜欢上了他。"

"我永远忘不了他留给我的第一印象。"

"我不喜欢他，也许是他留给我的第一印象太糟了。"

"从对方敲门进来，到坐在我面前的椅子上，就在这短短的时间内，我就大致知道他是否合格。"

这些话说明了什么？说明大多数的人都是以第一印象来判断、评价一个人的。

对方喜欢你，可能是因为你留给他的第一印象很好；对方讨厌你，可能是你留给他的第一印象太糟。

这就是所谓的首因效应。首因效应，也叫作"第一印象效应"，是指最初接触到的信息所形成的印象对我们以后的行为活动和评价的影响。通常，人在初次交往中给对方留下的印象很深刻，人们会自觉地依据第一印象去评价某人或某物，今后与人、物打交道的过程中形成的印象都被用来验证第一印象。

一生中，我们会遇到很多重要的第一次，也就会有很多需要重视的第一印象。比如，求职，第一次去见面试官；求人办事，第一次登门拜访；参加工作，第一次见单位同事；找对象，第一

次与对方约会……这些第一次都很重要。从小的方面来看，关系到求职能否成功、事情能否办成；从大的方面来看，关系到事业能否成功，婚姻能否美满。

一位先生登报招聘一名办公室勤杂工。约有50人前来应聘，但这位先生只挑中了其中一个男孩。

"我想知道，你为何喜欢那个男孩？"他的一位朋友说，"他既没带一封介绍信，也没有任何人推荐。"

"你错了，"这位先生说，"他带来许多介绍信。他在门口蹭掉了脚下带来的土，进门后随手关上了门，说明他做事小心仔细；当他看到那位残疾老人时，就立即起身让座，表明他心地善良，体贴别人；进了办公室他先摘下帽子，回答我的提问时干脆果断，证明他既懂礼貌又有教养；其他人都从我故意放在地板上的那本书上迈过去，而这个男孩却俯身拾起它放回桌子上；他衣着整洁，头发梳得整整齐齐，指甲修得干干净净。难道你不认为这些就是最好的介绍信吗？"

那个男孩通过自己的一言一行，打动了面试官，成功地用"第一印象"推销了自己。幸运其实并不神秘，也并不是"可遇不可求"的，为自己打造完美的形象，也许就能成为下一个幸运的人。

因此，在现实交往中，我们务必在"慎初"上下功夫，力争给对方留下良好的第一印象。

那么应该如何展示自己的形象呢？对此美国专家曾提出过如下建议：

（1）发挥自己的长处

如果你善于发挥自己的长处，别人就会喜欢和你在一起，并容易与你合作。一个人首先要了解自己，把握自己的特点，如动作、手势、神情以及其他吸引人注意的能力等。要知道，别人正是根据这些特征来形成对你的印象的。所以，与人交往，要充满自信，并尽可能展现自己的长处。

（2）保持自我本色

懂得为人处世的人，永不会因场合不同而改变自己的性格。保持最佳状态的真我能给人留下美好印象。无论你是在与人亲密地倾谈，还是在发表演说，都要保持自己的本色不变，不要给人造成言行不一的不诚实感。

（3）善于使用眼神及目光

不管是跟一个人还是一百人说话，一定要记住用眼睛望着对方。有些人在开始时望着你，但才说了几个字，目光就移到了别处。进入坐满人的房间时，应自然地举目四顾，微笑着用目光照顾到所有的人，不要避开众人的目光，而是用自然的目光，获得他人的尊重和认可。

（4）先听而后行

与人交谈，切勿急于发表意见。要稍微等一会儿，先了解一下当时的情形。看看场合的气氛如何？别人的情绪是高涨还是低落？他们渴望聆听你的意见，还是露出厌烦的神色？只有你觉察到别人的情绪，才能进一步与之沟通。

（5）集中精力

怎样才能集中精力？这是很多人都关心的问题。有一位专家是这样告诉我们的："我在跟别人见面之前，通常会静静地坐下来集中思想，然后深呼吸。我会思考这次见面的目的——自己的目的和他人的目的。有时候我步行几分钟，使心跳加速，这样踏进门时，就不会再想着自己。我把注意力全集中到那人身上，尝试找出他值得我喜欢的地方。"

（6）态度一定要肯定

肯定的态度很重要。我们常常看到有些人说起话来声音越来越小，甚至用手捂住自己的嘴巴。没有人愿意跟一个态度迟疑的人打交道。冷静是必要的，小心谨慎也没错，但切勿迟疑不决。

（7）放松自己的心情

要使别人感到轻松、自在，你自己就必须表现得轻松、自在。不管遇到何种严重的大事情，心理上都尽量要放松。学点幽默，不要总是神色严峻，或表现出一副永远苦闷的样子，否则家人、朋友和同事会对你感到十分厌倦。时间久了，关系能好吗？

这七点，可以帮助我们给他人留下美好的第一印象，为今后个人的发展铺路搭桥。

2. 面带微笑与陌生人交谈

微笑是让人显得有亲和力、不造作的重要原因。亲和力，是无障碍沟通的基础，拥有亲和力，是成功沟通的前提。

微笑是"对距离的想法"，是与他人共享同一个空间的能力；微笑是交往时所散发出来的让交际对象钦佩、赞赏、认同的高尚品德和人格魅力；微笑是发自内心的一种感染力，是随和、淡然、保持平常心的一种表现；微笑让你面善、很舒服、很自然，让大家都喜欢和你说话、合作；微笑是人与人相处时所表现的亲近行为的动力，促使交际主客体凝聚，从而产生和谐的交际意境，使交际更富有人缘魅力。

日常工作、生活中，一个人对你满面冰霜，横眉冷对；另一个人对你面带笑容，温暖如春，他们同时向你请教一个工作上的问题，你更欢迎哪一个？当然是后者，你会毫不犹豫地对他知无不言，言无不尽，问一答十；而对前者，恐怕就恰恰相反了。而这一细节，却常被人们所忽略。

微笑是盛开在人们脸上的花朵，是一份能够献给渴望爱的人们的礼物。当你把这种礼物奉献给别人的时候，你就能赢得友谊，还可以赢得财富。

一家信誉特好的大花店，以高薪聘请一位售花小姐，招聘广告张贴出去后，前来应聘的人如过江之鲫。经过几番口试，老板留下了三位女孩让她们每人经营花店一周，以便从中挑选一人。这三个女孩长得都如花一样美丽，一人曾经在花店插过花、卖过花，一人是花艺学校的应届毕业生，余下一人只是一个待业青年。

插过花的女孩一听老板要让她们以一周的实践成绩为应聘硬件，心中窃喜，毕竟插花、卖花对于她来说是轻车熟路。每次一见顾客进来，她就不停地介绍各类花的象征意义以及给什么样的人送什么样的花，每一个进花店的人，她都能说服人家买走一束花或一篮花，一周下来，她的成绩很不错。

花艺女生经营花店，她充分发挥从书本上学到的知识，从插花的艺术到插花的成本，都精心琢磨，她甚至联想到把一些断枝的花朵用牙签连接花枝夹在鲜花中，用以降低成本……她的知识和她的聪明为她一周的鲜花经营也带来了不错的成绩。

待业女青年经营起花店，则有点放不开手脚，然而她置身于花丛中的微笑简直就是一朵花，她的心情也如花一样美丽。一些残花她总舍不得扔掉，而是修剪修剪，免费送给路边行走的小学生，而且每一个从她手中买去花的人，都能得到她一句甜甜的祝福："鲜花送人，余香留己。"这听起来既像女孩为自己说的，又像是为花店讲的，也像为买花人讲的，简直是一句心灵默契的心语……尽管女孩努力地珍惜着她一周的经营时间，但她的成绩比前两个女孩相差很大。

出人意料的是，老板竟然留下了那个待业女孩。人们不解——为何老板放弃能为他挣钱的女孩，而偏偏选中这个缩手缩脚的待业女孩呢？

老板如是说：用鲜花挣再多的钱也只是有限的，用如花的心情去挣钱才是无限的。花艺可以慢慢学，可如花的心情不是学来的，因为这里面包含着一个人的气质、品德以及情趣爱好、艺术修养……

微笑是笑中最美的。对陌生人微笑，使你和蔼可亲；产生误解时微笑，使你胸怀大度；在窘迫时微笑，助你冲淡紧张气氛和尴尬的境地。微笑是一种健康文明的举止，一张甜蜜微笑的脸，让人愉快、舒适，予人温馨、和谐、理解和满足。微笑展示人的气度和乐观精神，烘托人的形象和风度之美。

为什么小小的微笑在人际交往中会有如此大的威力？原因就在于这微笑背后传达的信息："你很受欢迎，我喜欢你，你使我快乐，我很高兴见到你。"

世界著名的希尔顿大酒店的创始人希尔顿先生的成功，也得益于他母亲的"微笑"。母亲曾对他说："孩子，你要成功，必须找到一种方法，符合以下四个条件：第一，要简单；第二，要容易做；第三，要不花本钱；第四，能长期运用。"这究竟是什么方法？母亲笑而未答。希尔顿反复观察、思考，猛然想到：是微笑，只有微笑才完全符合这四个条件。后来，他果然用微笑敲开了成功之门，将酒店开到了全世界的大城市。

难怪一位商人如此赞叹："微笑不用花钱，却永远价值连城。"

对我们每一个人来说，微笑轻而易举，却能照亮所有看到它的人，像穿过乌云的太阳，带给人们温暖。让我们微笑吧，微笑着面对生活，面对周围的人：每天早晨上班前对你的家人微笑，他们就会在幸福中盼着你的归来；上班时向门卫微笑着点个头，他会友善地还你一个欣赏和尊敬的微笑；每天遇到同事主动微笑，打个招呼，你也会人气急升……

每一次奉献出微笑的时候，你就为人类幸福的总量增加了一分，而这微笑的光芒也会返照到你的脸上，给你带来方便、快乐和美好的回忆，何乐而不为呢？

常微笑的人，总会有希望。因为一个人的笑容就是他善意的信使，他的笑容可以照亮所有看到他的人。没有人喜欢整天皱着眉头、愁容满面的人。而上司、同事、客户或家庭成员的一个笑容却能帮助他们心怀希望，笑对人生。只要活着、忙着、工作着，就不能忘了时刻保持微笑……

3. 懂礼貌可以给人留下好印象

失礼、不讲礼貌的问题绝不是小事，虽然比起一些违法乱纪的事，它不算大，但从这种"小事"里，往往可以窥见一个人的内心世界，衡量出他的品德和文化修养的高低。

在拥挤的闹市街区，我们常会遇到这样的事：一个人不小心撞了另一个人，这个人如果马上诚恳地向对方表示歉意，说声"对不起"，被撞的人虽然可能还是不高兴，却也能立即表示谅解。同类情况，有时却会出现另一种局面：撞人者无动于衷，被撞者骂骂咧咧，于是开始了一场舌战："你瞎眼啦？干什么撞人？""你才瞎眼呢，没看见人多挤吗！怕人撞，坐小汽车去！"你一言我一语，吵得不可开交甚至可能演变为拳脚相加。

同一件事，为什么有截然不同的结果呢？很简单，只因为前者知礼，后者不知礼而已。

很多人对提倡讲礼貌没有足够的重视，不以为然。他们说："搞那些形式客套有啥用？""都是些生活小事，细枝末节，不值得三番五次地宣传。"这种认识是错误的。礼貌是人们共同遵守的一种行为规范和道德准则，它是通往友好和尊重的一道桥梁。

吴松云是一电器公司的推销员。他去拜访客户时，大声而粗暴的开门习惯影响了客户对他的第一印象。

客户的秘书将他领到会客室，他心里还在想如何在见到对方时给对方一个好印象。可是秘书已经将他开门不礼貌的信息传达给老板。

"老板，客人来了。"

"哦，他还挺准时的，我马上去，我准备准备，他是什么样的人呢？刘小姐，说说你对他的第一印象。"

"老板，不好说。看他衣冠楚楚，时间也准时，可他开门的声音太大了，显得粗暴、不太礼貌。"

"哦……"

老板这样"哦"了一声，轻者影响会谈的效果，重则可能导致会谈的失败。这样在未见面之前便让别人带着偏见，对后续沟通、交流是不利的。

礼貌待人，这个道理许多人都很清楚，也很明白，也时常这样来要求别人，可自己做起来却并不一定就完美、轻松。这是一个习惯问题。所以我们必须从平时的一点一滴做起，加强自身修养。

有的人时常或不小心"嘭"的一声把门推开或关上，发出大的响声，给人的印象不是开门或关门而是在撞门，这是极不礼貌的。所以开关门时，尽量用力轻些。但也不能用力过小，半天开不开门，给人一种畏畏缩缩、鬼鬼祟祟的不良印象。因此，对开门关门动作的轻重，可以看出一个人的修养、内涵和水平来，也反映了其精神面貌，更重要的是，直接影响到对方对自己的印象好坏，所以要格外注意。另外，还有一些小细节是我们应该注意的：

（1）不要当众搔痒

大家都知道搔痒的举止不雅。搔痒的原因通常是由皮肤瘙痒引起的。其中有些属于病理的原因，例如体质过敏，皮肤好起疹；有些属于生理的原因，如老年人因皮脂分泌减少，皮肤干燥，也容易产生搔痒。在出现这类情况时，当事者要按所处的场所来灵活应变。如处在极严肃的场合，就应稍加忍耐；如实在忍无可忍，则可离席到较隐蔽的地方去搔一下，然后赶紧回来。因为不管你怎样注意，搔痒的动作总是给人猥琐的印象，以避人为好。尤其有些人爱搔痒纯粹是出于习惯且无意识，只要稍一坐定就不断用手在身上东抓西挠，这些不好的习惯，应尽量克服。

（2）防止发自体内的各种声响

生活经验告诉我们，任何人，对发自别人体内的声响都不太欢迎，甚至很讨厌。诸如咳嗽、喷嚏、哈欠、打嗝、肠鸣、放屁等等。当然，这些声响有的只在人们犯病或身体不适时才偶有发生，例如打喷嚏，常常是在一个人患感冒的时候才发生。当发生这种情况时，正确的做法是用手帕或手肘掩住口鼻，并在打过喷嚏后向坐在近旁的人说声"对不起"以表示歉意。但是，也有人毫无顾忌任由身体发出声响，这一般是由习惯造成，究其原因是因本人不重视或不关心别人的感受。像这样容易引起他人不快，应当注意改正才是。

（3）不要将烟蒂到处乱丢

许多人都反对抽烟，究其原因，与不少抽烟者缺乏良好的卫生习惯不无关系。有些吸烟者往往不注意吸烟对别人所造成的伤害，他们不了解，烟味会引起周围的人呛咳外，随风吹散的烟灰也使人感到不舒服，有时带有余烬的烟蒂还容易引起事故。这些都使不吸烟者有一种自发抵制吸烟的情绪。所以，如果吸烟者随意处置烟头，将它们丢在地上用脚踩灭，或随手在墙上甚至窗台上揿灭等，这些细节都是很令人讨厌的。对此，也必须自觉加以纠正。

（4）吐痰务必入盂

随地吐痰，也是一种令人厌恶的坏习惯。有些人由于积疾较深，养成了有痰非吐，随时吐随地吐的坏习惯，这确实是种令人作呕的不文明行为。痰不仅是赃物，吐在地上会直接弄脏地面，而且还会间接污染环境，传播疾病，损害许多人的健康。所以，文明的做法应当是将痰吐入痰盂；如果周围没有痰盂，就应到卫生间里去吐痰，吐后立即用水冲洗干净。

表示礼貌的举止当然不止这一些，这里提及的是其中比较常见的几种。从根本上说，这些礼仪举止没有哪一种是我们所不能做到的，只要在日常生活中多注意一些，这些举止中所包含的各种行为规范已经明明白白地传送了出去，不仅说明了你是一个有礼貌的睿智者，更可以使你在人际交往中受到应有的尊重。

4.　倾听比能说会道还重要

很多时候，人们都有这样一个误区，那就是为了了解一个人，多知道一些对方的情况，不断地向对方提问，甚至是各处打听这个人的事。以为这样问得多了，就能对这人有全面了解。事实并不是这样的，你问得越多，越会让对方感到你是在挖自己的隐私，只会促使对方闭口不谈。或者你为了表现自己滔滔不绝，以为这样能够激发对方的表达欲，结果却相反，你的咄咄逼人让对方无以应答，甚至会选择躲避、闭口不言。

老天给我们两只耳朵一个嘴巴，本来就是让我们多听少说的。善于倾听是成熟的人最基本的素质。

但许多人并不懂得这个道理。当别人说的话自己不认同时，往往不待别人说完，就想插嘴。实际上，这样做一个是不尊重别人，一个也不能使别人放弃自己的主张，而来迁就你的意见。别人正有一大堆话急于说出来时，你插一嘴，别人是根本不会注意你表达的意思的。所以，我们应该耐心听，并且鼓励他把意见完全表述出来。

有一句民谚说："聪明的人，借助经验说话；而更聪明的人，根据经验不说话。"西方还有一句著名的话："雄辩是银，倾听是金。"中国则流传着"言多必失"和"讷于言而敏于行"这样的名言。可见在语言沟通中，学说话之前，一定要先学会

"听话"。

曾经有个小国使者到中国来，进贡了三个一模一样的金人，金碧辉煌，把皇帝高兴坏了。可是这小国使者不厚道，给皇帝出了一道难题：这三个金人哪个最有价值？

皇帝想了许多办法：请来珠宝匠检查、称重量、看做工，都是一模一样的。怎么办？使者还等着回去汇报呢。泱泱大国，不会连这个小事都不懂吧？

最后，有一位退位的老大臣说他有办法。

皇帝将使者请到大殿，老臣胸有成竹地拿着三根稻草，插入第一个金人的耳朵里，这根稻草从另一边耳朵里穿了出来。第二个金人的稻草从嘴巴里直接掉了出来，而第三个金人，稻草进去后掉进了肚子，什么响动也没有。老臣说：第三个金人最有价值！使者默默无语，答案正确。

虽然三个金人都有各自的价值，但是第三个金人却因其喻意善于倾听意见而价值最大。

倾听是一种礼貌，是对说话者表示尊重的一种行为，也是对说话者的认同，更是对说话者的恭维。每个人都希望在与人谈话时受到尊重和重视，都希望别人能够全神贯注地听。

在对财富排行榜五百强企业的一项调查中，50%的被调查者回答他们对员工提供倾听方面的培训。研究者还发现，在良好的倾听技巧和工作效率之间存在着直接的联系，接受了倾听能力训练的员工比没有经过这项训练的员工工作效率高得多。

　　在一个冬日的夜晚，杰克和妻子琳达去看一部期盼已久的电影。当两人全神贯注于银幕，被其中的情节深深吸引的时候，有两位坐在他们前面的年轻男女，看样子像是热恋中的情侣。不一会儿，前排的女孩开始说话，侧着脑袋与身边的男孩不住咬耳朵。一开始，女孩说话的声音比较低，随着电影情节发展，她的兴致越来越高，声音也不断提高，以至于杰克和琳达完全能听见她在说什么。女孩已经看过这部电影，熟知每个情节，所以每当一个场景要出现，她便急忙告诉她的男友——紧随着，银幕上果然出现了她的"预料"，她高兴得连声说："嘿，你看，我说的没错吧！"

　　杰克有些坐不住了，她这样提前告知影片内容，无疑剥夺了他的观影乐趣。杰克一忍再忍，可她一说再说，最后，他不得不拍拍她的肩头说："小姐，请你用你的眼睛'看'电影，我们将很感谢你！"

　　女孩惊讶极了，脸上带着明显的愠色，她对着男友嘀咕几句，倒是真的不再"预告"影片内容了。

　　琳达悄悄拉了杰克一下，不无担心地低声说："你惹麻烦了！你看见了吗，她那位高大的男友肯定不会放过你。"

　　不出所料，影片中间休息的时候，杰克去外面买饮料，那位男友跟了出来。想起妻子的话，杰克心里一紧，真有点后悔刚才的做法。于是他加快脚步，那个男孩却迅速跟上。

最后，那个男孩一把拽住杰克，另一只手握住他的右手说："先生，谢谢你。你说出了我想说的话，我实在没有勇气对她那样说。"

这个故事中的女孩忘了尊重影院里的其他人，絮絮叨叨说个没完，破坏了他人看电影的兴致，虽然这则故事并没有说明倾听的重要性，但是却让我们看到以自我为中心、不停"倾诉"是多么不礼貌。很多人面对亲近的人总是滔滔不绝、无所不谈，对方不但要听，还不能说话，以免打断她/他的话。然而轮到别人说话时，她/他又不认真倾听，对别人的关注不够，急于打断对方的发言，或者把话题转到自己感兴趣的地方。这种局面久了，再好的朋友、再耐心的客户也会心生厌恶。

倾听别人说话，是人际交往中必不可少的内容。能够耐心听别人说话的人，必定是一个会尊重他人的人。

科学家说我们的听觉不仅仅是一种感觉，它是由4种不同层面的感觉组成的：生理层、情绪层、智力层和心灵层。眼睛和耳朵是思维的助手，当它们配合协调时，我们就能够真正听到别人在说些什么。高超的倾听技巧会使人乐于为你提供帮助，乐于与你相处，并且发自内心地喜欢你。我们在吸取他人有益思想时，必须做的事就是要像王志那样，学会倾听，听别人说什么，从他人的语言中提炼有价值的信息，为自己的思考提供理论依据。

在沟通中，让对方说得越多，我们了解对方真正意图的机会就越多。所谓知己知彼，百战不殆。当你掌握对方的情况，远比对方知道的你的情况还要多，你自然就把握住了先机。

5.　尽量把话说得通俗易懂

说话最主要的目的就是让人听懂，而要让人听懂一定要采用人们通常的语言，说话无章法只会让人弄不清东西南北。还有人学问比较高深，说出来的话往往让人听不懂，别人都听不懂的话，谁还愿意听呢？所以，尽量把话说得通俗易懂些。

从很大程度上来说，说话是一次性行为，"说"是一次性的，"听"也是一次性的，因为不可能同样的话重复说，也不可能总是重复听到同样的话。所以，那种只要听一遍就能明白的"说"，肯定是高明的"说"。

那么，怎样才能说一遍就让人听明白呢？显然，把话"说"得通俗易懂是一个有效的办法。

作为主持人来说，一般都受过高等教育，文字功底也还不错，又受过专门的训练，能够把文字组织得很有逻辑和条理，甚至说得很动听，充分调动观众的情绪。但是，观众的层次是多样化的，想要让所有的观众都明白你说的是什么，就必须把话说得通俗易懂。而且从传播的角度来讲，也是这样的要求，虽然有字幕等其他辅助手段。由于节目性质的不同，主持人的措辞等方面有着很大的区别，但是，通俗易懂才能够最大化传递信息。

当然，"说"得口语化只是通俗易懂的一种手法，除此之外，还有以下一些手法可供借鉴使用：

（1）打比方

打比方是我们常用的一种手法，它可以将抽象难懂的事物、概念，用恰当的、相似的东西来比喻，让人更容易明白。

有位哲学家为了说明"量变足以导致质变"的道理，打了这样一个非常好的比方：杭州西湖边有一座雷峰塔。塔原本高大巍峨，不料迷信的人们认为塔底下压着妖精白蛇，以为这塔上的砖一定能避邪，就在游塔时悄悄地挖走一块，就这样这个挖那个挖，一年一年地挖，使塔基变得越来越不牢固。终于有一天，就在某位游人挖走一块砖后，塔轰然倒塌。注意，这轰然倒掉的一刹那就叫"质变"——因为塔已经变成了废墟。而人们一块砖一块砖地挖砖的过程则是"量变"——虽然量变是在悄悄进行的，但它导致的结果却足以让人刮目。

无须更多的语言和解释，深奥的哲学道理被这个传神的例子解释得明白无误。

（2）对比

对比就是将两种事物或某一事物的两个方面放在一起来做比较，这样做的目的是，谁优谁劣、孰高孰低一目了然。而且，用对比的手法还可以将难懂的东西解释得通俗易懂。为了解释什么是分解法，老师作了如下的说明：

所谓分解法，就是把一个比较遥远的大目标分解为若干十分具体的小目标，然后一一完成、各个击破。比如有两块长短大小皆一样的麦田，AB二人将要在这里比赛收割小麦，看谁割得快，A的做法是，先在麦田里插上十面红旗，每隔三米插一面，然后开始收割，由于一面面旗帜代表着一个个并不遥远的十分亲切的目标。因此始终有一种成功在望的感觉，干起来总觉得浑身是劲，很快就完成了任务。B的田里则没有插小红旗，就这么低着头拼命地割，由于总觉得目标还远，干着干着也就渐渐地有了一种挺无奈的感觉，结果速度越来越慢，最终失败了。这说明巧妙的分解的确有用，它的确能使人生活在成功在即的希望之中，既然如此，当我们面对一个虽然宏伟却又有点遥远的大目标时，不妨先把它分解成几个小目标，再逐个完成小目标，直到朝气勃勃地奔向终极目标。

（3）夸张

夸张，其实就是一种言过其实。指的是为了启发听者或读者的想象力和加强所说的话的力量，用夸大的词语来形容事物。

如果用语言的夸张来描述一件事情，那就会展现在众人面前一副活生生的映像。

比如，有人这样批评贪婪：

贪得无厌是一种丑，其特点是"能捞就捞"。这种"能捞就捞"的丑态，就像民间小戏《小住家》所描绘的，一个小媳妇回了一次娘家，临走时就使劲地捞了一把，请看她的模样：

"当腰围上半截布，身边系上两绺麻，三把漏勺胸前别上，背后再插把掏灰耙，下蛋的母鸡揣怀里，裤带上结把毛驴拉，左手拿葱右手拿蒜，豆角夹在手桠巴，茄子拴绳耳朵上挂，大萝卜连根肩膀上搭，柿子辣椒装袖筒，嘴里含着根大黄瓜，天！这哪是媳妇回娘家，分明是鬼子扫荡进村了！"瞧！这就是贪婪！比鬼子进村还可怕！

听了这样的话，就如同看到了一个活生生的人物形象站在自己面前一样。这就是夸张手法使得语言具有了更强的表现力的原因。

（4）引用

引用有时候会增添语言的文采，让语言变得文绉绉的，比如引用一句诗词，有的时候，这种引用反而能够更容易让人明白说者的意思，起到了解释的作用。比如：一位美学家是这样解说"美"的：

在关于"美"的众多定义中，有一个定义既朴实又深刻，这个定义就是适度即美。什么意思？说白了就是"不多不少"！美就是"恰到好处"！比如人们着装时，常将浅色衬衣的领子翻出来，使之与深色的外衣形成一种色调上的对比，这叫什么？借用一句古诗表达，这叫"满园春色关不住，一枝红杏出墙来"。只不过千万小心，这浅色的领子"只能"是一个，如若翻两三个出来或者更多，则只会使人感到俗不可耐！注意，这个"只能翻一个而不能翻多个"的道理，就是"适度为美"。

在人们的思想中，"美"是一个很抽象的概念，人们每天都能接触到，但是未必能说得清；即使能说得清，对方也未必能听得懂。但是，像这位美学家的说法，就引用了一句古诗，使得解说反而更加通俗易懂。相信看过一遍就能明白，也就记住了。

当然，通俗易懂不是将"话"方言化。方言是有很强的地域性的，尤其是一些非常地道的方言，不是那个地方出生成长的人，根本就听不懂。当然，通俗易懂也不是全说大白话、大俗话，该用的修辞手法同样可以用，该引用的古诗词一样可以引用，关键在于表述的方式方法。所以，从传播信息的需要来看，通俗易懂是必不可少的，是提升"说"的质量的有效途径。

6. 培养自己说话的自信

很多人在说话的时候，为了表示自己在认真地倾听，就会不断地重复他人的话尾，变成一只"八哥"！

会当接话尾的"八哥"的人，自信心不足，怕别人看轻自己，认为自己什么都不懂；而会在别人没讲完时说"你要讲什么我已经知道了"，然后提出自己看法的人，可能很聪明、够自信，但说话的智慧不够高，久而久之，别人可能不会对你有任何的肺腑之言，也不愿与你分享什么。这两种方式常使大家谈话的气氛出现"怪怪"的状况。

台湾著名综艺主持人和作家吴淡如也谈到自己在一次主持节目的时候遇到这样一位"八哥"嘉宾。这位嘉宾或许由于参加谈话类节目较少的缘故，不论是主持人或者别的嘉宾说什么，他都会重复他们的话尾，再说一遍，仿佛在告诉所有人："这件事我也知道呢！"

于是这样一来，主持人和其他嘉宾的谈话就被他搞得乱七八糟，根本连接不起来了。甚至制作人也在一边摇头："这样很难剪辑啊！"吴淡如说自己恨不得告诉他："冷静下来，不是每一句话你都要附和！"最后，还是制作人举起纸板要求那位嘉宾"让别人把话说完整"才算结束。

一电视台的论辩节目，取材很不错，是当下很受关注的一件事，其论题简单概括说，就是群众要不要打死小偷的问题。

正反双方嘉宾也都勇于表达观点，现场气氛甚是紧张激烈。让人极为不爽的是，主持人根本驾驭不了现场，总是在嘉宾表达最有力观点的时候，打断嘉宾的话，甚至嘉宾再三提出"让我把话说完"，美女主持人还是置若罔闻。

更可气的是，主持人不顾现场的观点导向，硬是生硬地插进她原来制作好的一段视频，把节目搞得不伦不类，看得人糊里糊涂。估计她是按自己原先的准备主持的，而现场发挥的能力为零。

观众看了后非常生气，这电视台真能开玩笑，找个人云亦云的美女主持个娱乐类节目还行，这等思辨类的节目，怎么也得找个有点文化素养的人来主持，否则以其昏昏，怎能使人昭昭！

所以说，主持人的口才是由两方面因素决定的，一是语言表达能力，一是文化内涵。文化内涵和语言表达能力是内容和形式的关系，形式虽然重要，但它是由内容来决定的。没有文化内涵的支撑，嘴再巧，也说不出好观点。

F.R.施赖勃在《人格裂变的姑娘》一书中，就有这方面的描述：海蒂在玩字弄句方面的本事不在她玩弄窗帘和灰尘的本事之下。要说些合辙押韵的话，她简直是出口成章。她还养成一种重复别人话尾的习惯。若有人说："我得了这么一种头痛……"海蒂就要重复："这么一种头痛。"

其实，这类人只是对自己没什么信心，才会不断重复别人的话语。"我告诉你""我知道"……这些都是我们口中的重复性话语，往往在我们不那么自信的时候便会从嘴里冒出来，要想改变这种状况，最好先培养出自己说话的自信来。那么，如何才能找到自信呢？

（1）练习正视别人

一个人的眼神可以透露出许多信息，当一个人对你说话而不正视你的时候，你会不自觉地问自己："他想要隐藏什么呢？他怕什么呢？他会对我不利吗？"不正视别人通常意味着在你旁边我感到很自卑，我感到不如你，我怕你，我有罪恶感，我做了或想到了什么我不希望你知道的事，我怕一接触你的眼神就会被看穿等信息，而这些都是一些负面的影响。要正视他人，正视别人等于告诉他：我很自信，我很诚实，我告诉你的话是真的、毫不心虚。要让你的眼睛为你工作，就是要让你的眼神专注别人，这不但能给你信心，也能为你赢得别人的信任。

（2）当众发言

有很多思维敏锐、天资聪颖的人，却无法发挥他们的长处，这并不是他们不想参与，而只是由于他们缺少信心。在会议中沉默寡言的人都认为：我的意见可能没有价值，如果说出来，别人可能会觉得我很愚蠢，我最好什么也不说。而且，其他人可能都比我懂得多，我并不想让他们知道我是这么无知。这些人常常会对自己许下很渺茫的诺言——等下一次再发言。可是他们很清楚自己是无法实现这个诺言的。长久下去，这些人就会愈来愈没自信。

不论是参加什么性质的会议，每次都要主动发言，要做"破冰船"，第一个打破沉默，也不要担心你会显得很愚蠢，因为总会有人同意你的见解。

（3）学会微笑

笑能给人增添信心，表明了"我有信心，我是一定能行的"。但要记住，培养起自己对事业的必胜信念，并非意味着成功便唾手可得。自信不是空洞的信念，它是以学识、修养、勤奋为基础的，缺乏自信则是以无知为前提的。前者令人尊敬，后者受人嘲讽。真正的笑不但能治愈自己的不良情绪，还能马上化解别人的敌对情绪。如果你真诚地向一个人展颜微笑，他实在无法再对你生气。

　　有一天，我的车停在十字路口的红灯前，突然间"砰"的一声，原来是后面那辆车撞了我车后的保险杠，我从后视镜里看到他下车，也跟着下车，准备痛骂他一顿。我还来不及发作，他就走过来对我笑，并以诚挚的语调对我说："对不起，我实在不是有意的。"他的笑容真的把我融化了，我只有低声说："没关系，这种事经常发生。"我的敌意也变成了友善。

　　以上三条原则和方法，用现代科学术语来说，就是"心理暗示法"。"信心"是一种心理状态，可以用"心理暗示法"去诱导出来。对你的潜意识重复地灌输正面和肯定的语气，是提高自信心最快的方式，这些东西会在我们的潜意识中牢牢扎根，发展为我们的自信心。

　　没有什么比自信更能改变人的处境，自信就是人生最好的扶助，拥有自信就等于拥有无限的可能。自信是成功的源泉，拥有自信就能在千百次失败后，重新筑建起自己的人生乐园。

7. 好声音可以增添一个人的魅力

集三千宠爱在一身的林志玲，从名模到主持人，然后又做演员，挑战作家，做自己的事业，这位大器晚成的美人是很多男人心目中的女神。她最大的武器就是自己的声音，有人说那是"嗲"，也有人说那是"性感"。不管如何，这位美人的声音真的是让人一听就难以忘记。

林志玲说："我其实一直说话都是这个样子，我只是会保留那个原本真实的声音，而我自己并不觉得它很嗲。"

你了解"声音"的魅力吗？声音能够传达很多东西，可以左右人的思想，可以改变对方的决定，你试过吗？如果你没有靓丽的外表，没有华丽的首饰和衣服，那么不如练习让自己的声音更有味道吧，它甚至比你用名贵的巴黎香水都要重要。

声音是人的"第二外貌"。你是否在工作中建立起易于分别他人的独特的音质呢？

那么，什么样的声音算是好声音呢？简单来说，就是让人听着舒服的声音。

播音员、主持人会有专门的声音方面的训练，通过掌握一些发声技巧，他们的声音总是听起来比较舒服。尽管声音有天生的部分，但是，配合不同的精神状态，声音也呈现着不同的状态。

比如，当人们不开心的时候，声音听起来会很自然地无助、生气或者沮丧；反之，当人们高兴的时候，声音听起来会更活泼一些，并且声调会轻快地上扬。

有句顺口溜是这样的："嗓音好，是个宝；嗓音坏，事业败。"嗓音——更准确地说是一个人说话的声音，声音对人成功与否起了一定作用，对其事业的开展有着重要作用。

英国教育学家格莱斯顿，在评论大多数人不能实现自己的理想目标的原因时说："99%的人不能出类拔萃是因为他们忽略了对嗓音的训练，他们认为这种训练不具有任何意义。"

小芳和小丽同在一个国家机关事业部门做了几年的录入员，小芳性格活泼好闯，小丽性格文静勤勉而内向，她们两人都想锻炼自己、有所开拓，都先后离开了原先的单位。小芳觉得直接找贸易公司做代理最实惠，托朋友关系先后找了几家贸易公司实习，看能留在哪家；而小丽却感觉自己最欠缺与人说话交流的能力，先后到两个公司打工，并主动要求学做电话销售服务，这期间她不断练习说话的状态，调整说话声音。一年后，小丽被一家中等规模且颇为规范的技术开发公司聘为总经理助理，负责协调内外联络的事务，而一心想做代理的小芳却还迟迟没有着落。

我们常形容一个人的声音好听为"很有磁性"，这样的声音总是能够赢得别人的好感。那如何才能让自己的声音更有魅力呢？

首先，练习共鸣和气息。

我们的声音是声带振动和声腔气柱的振动组成，气流通过振动发出原声，同时喉腔、口腔、鼻腔、唇腔改变形状，使原声发生不同气柱共振，改变声音音色，形成不同的声音。

要使自己的声音洪亮、浑厚、充满磁性，就必须充分利用共鸣腔，让震动在口腔、鼻腔甚至胸腔共鸣，使声音饱满、圆润、高扬。有几个小技巧：

（1）体会胸腔共鸣

微微张开嘴巴，放松喉头，闭合声门（声带），像金鱼吐泡一样轻轻地发声，或者低低地哼唱，体会胸腔的震动；

（2）降低喉头的位置

方式同（1），且喉部放松、放松、再放松；

（3）打牙关

所谓打牙关，就是打开上下大牙齿（槽牙），给口腔共鸣留出空间，用手去摸摸耳根前大牙的位置，看看是否打开了。然后发出一些元音，如"a"，感觉声音的变化；

（4）提颧肌

微笑着说话，嘴角微微向上翘，同时感觉鼻翼张开了；

（5）挺软腭

打一个哈欠，顺便长啸一声。

这是打开嗓子的几大要点，以后在大声说话的时候，注意保持以上几种状态就会改善自己的声音。

关于气息。发音靠震动，震动靠气息，要使声音洪亮，中气十足，就要有饱满的气息。呼吸要深入、持久，要随时保持一定的呼吸压力。平时可以多做一些深吸缓呼的练习，最好在练习说话的时候先站起来，容易寻找到呼吸状态，要坐的话，也要坐直，上身微微前倾。

运用气息的时候，千万不要"泄气"，要在上述的呼吸压力中缓缓释放，并且要善于运用嘴唇把气拢住。这样来保持胸腹和嘴唇的压力平衡。

此外，说话要尽量让自己的气息贯通，让声音尽量沿着口腔内部的中纵线穿透而出。这样才能使声音集中而明亮。

其次，声音是语言的载体，是我们了解外面世界的媒介，美妙的声音能带给人美的享受。要想使自己的声音具有魅力，就要提高自己的口语发送能力。

那什么是口语的发送能力呢？简单地说，就是说话时对语言的速度节奏、声调的高低、声音的轻重大小、语流的顿挫断连的控制和变化能力，它是语言形象的一个重要的组成部分。如果一个人有较好的声音发送能力，不但发音明亮悦耳、字正腔圆，而且还能随着交际的内容、场景、双方的人际关系的不同，有高低抑扬、快慢急缓、强弱轻重、顿挫断连、明暗虚实等多种变化，其声音就具有强烈的音乐旋律感和迷人的艺术魅力。

声音是一个载体，但是这个载体本身的好与不好还取决于内容的高雅与否。骂人的话、脏话，用再好听的声音来表达，也是刺耳的。所以，要使声音充满魅力，还要在以下几个方面多加练习：

（1）语调明朗、低沉

明朗、愉快、低沉的语调是吸引人的最大秘诀。如果你说话的语调偏高，就要练习让语调变得低沉一点，这样声音会更迷人。

（2）吐字清晰、层次分明

吐字不清、层次不明是谈话成功的最大敌人，假如别人无法了解你的意思，你就不可能打动他。克服这种缺点的最好的办法，就是在公众场合练习大声朗诵。

（3）说话的节奏

节奏要根据情况作出调整，不可"从一而终"。速度节奏的控制和变化一般要通过音调的轻重强弱、吐字的快慢断连、重音的各种对比，以及长短句式、整散句式、紧松句式的不同配合才能实现。人们应掌握这些规律，做到快慢适中、快而不乱、慢而不断，增强语言形象的美感。

另外，音调的高低也要妥善安排，任何一次的谈话，抑扬顿挫、速度的变化与音调的高低都应搭配得当，只有这样，你的谈话才能有出奇的效果。

（4）适时停顿

"停顿"在交谈中非常重要，但要运用得恰到好处，既不能太长，也不能太短，这需要靠自己去揣摩。"停顿"可整理自己的思维、引起对方注意、观察对方的反应、促使对方回话、强迫对方做决定等。

（5）声音的大小要适中

音量太大，就会成为噪音；音量太小，使对方身体前倾才听得到，那样的话对方听起来就会感到很吃力。其实最恰当的做法就是，两个人能够相互听到彼此的声音就可以了。

（6）语言与表情相配合

这样做能让你的谈话更具感染力。

（7）措辞高雅

一个人在交谈时的措辞，如同他的仪表，对谈话的效果起着决定性的影响。对于发音困难的字词，要力求正确，因为这无形中会表现出你的学识与教养。

最后，用这些技巧改善自己的声音，只要坚持下去，就会有收获。另外，请试着做到以下这几点：不用过高过大的声音说话，不用太过急切的节奏说话，不用犹犹豫豫的方式说话，不用暧昧不清的态度说话，最后，尽量用中低声区清晰平和地说话。

8. 会说话不是一件容易事

口才不是天生的，它是可以后天培养的才能。没有谁天生就是演讲家，我们熟知的那些著名演讲家，都无一例外地经历过艰苦的训练过程，是汗水和艰辛一步步铺就了他们的成功之路。

作为普通的电视观众，我们总是很欣赏那些口若悬河、口绽莲花的主持人们，尤其是那些著名主持人，他们的幽默风趣、或严谨思辨、或沉稳大气、或伶牙俐齿无不让人赞叹。但如果看看他们的成长历程，我们就会发现，他们也是经历了卓绝的努力才走到今天众人瞩目的位置上的。

美国人类行为科学研究者汤姆士说："说话的能力是成名的捷径，能言善辩的人，往往受人尊敬、受人爱戴、得人拥护。它使一个人的才学充分拓展、熠熠生辉、事半功倍、业绩卓著。"汤姆士甚至断言："发生在成功人物身上的奇迹，一半是由口才创造的。"

自古以来，能说会道的人总是很受人欢迎。不管你从事的是什么工作，处在怎样的一种地位，会不会说话往往就会影响到你的未来、你的人生。对于不会说话的人来说，有时候很可能会因为一句话而造成惨败，而对于会说话的人来说，他就会凭借自己的口才赢得自己美好的未来和人生。

现实的人际交往中，有话要会说，会说就要掌握说话的技巧，只要掌握了说话的技巧，不仅能让你能说，而且能让你会说；不仅能让你会说，而且能让你说赢。要想赢得成功，不妨努力锻炼自己说话的能力，这也是你走向成功的捷径。

优孟是春秋时期楚国宫廷艺人。他从小熟读诗书，能言善辩，还擅长表演，拥有高超的琴艺，常用谈笑方式讽谏楚王。优孟原本只是一介平民，但他怀有远大的志向，为了能够见到当时的楚庄王，他离开了家乡携琴进京。不巧的是，楚庄王恰巧到龙山围猎去了。不甘心的优孟又来到了龙山，刚到龙山口就看到了告示：大王传下封山令，七日之内所有人不得进山，禁止采石伐木、打猎砍樵、捕鱼采桑。行人一律绕行，如有违者，必严惩。

优孟知道，见楚王不是一件容易的事，但为了见到楚王他想出了一个办法。优孟乔装成一个樵夫，偷偷来到山中藏在密林中。不多久，就听到有马蹄声传来。优孟望了过去，看到一个头戴王冠、身穿战袍的人。直觉告诉优孟，此人绝非平庸之辈，他急忙赶到其前面，在一片阔地处弹起琴来，想以琴相邀。琴弦一动，一曲舒缓的琴音如袅袅炊烟飘出，犹如山泉叩石，珠落玉盘，音调铿锵，音色清奇。如此动听的琴声，立刻吸引了楚庄王的注意，他循声而去，只见一个樵夫悠然操琴。

曲终，楚庄王问："你不知大王的封山令吗？为何擅入围猎禁地？"优孟回答说："小民以为，以大王之贤，是不会只顾自己游乐开心而颁此令不顾百姓疾苦的。"楚庄王听后不免心里一热，不过却假装生气道："大胆，此令就是大王所颁，难道你就不怕死吗？"优孟依然不紧不慢地说："小民认为大王绝非暴君，而是仁德之君，所以冒死前来晋见，希望大王能知民心，晓民意，重振朝纲，中兴社稷，我就是死也无憾了。"

楚庄王见他不仅琴艺非凡，而且举止言谈也不凡，在问清了身世后，发觉此人正是自己所找的知音，于是就让优孟随其回国，担任首席乐师。

面对这样的情况，如果没有好的口才，相信是没有人敢违反这些禁令的。而优孟正是凭借着自己的口才，最终让楚庄王"慧眼识英雄"，重用了他，而优孟也实现了自己的抱负，优孟的口才的确让人佩服。我们常说，机会不是别人给的，而是自己创造出来的，而要想创造这样的机会，就要拥有好口才。

有位作家曾说过这样的一句话："是人才不一定会说话，但是会说话的人必定是人才。"在当今这个竞争激烈的社会中，拥有"会说话"的能力，就能达到事半功倍的效果，从而获得意想不到的成功。人的一生中，哪怕是做一件多么微小的事情，都少不了沟通与交流。而人与人之间交流思想、沟通感情最直接、最方便的途径就是语言。通过出色的语言表达，使相互熟识的人之间产生浓厚的情意，爱之更深；使陌生的人之间产生好感，结成友谊；使有意见分歧的人们互相理解，消除双方的矛盾；使彼此怨恨的人放下心里的不快，友好相处。

在人际交往中，会说话的人更受欢迎，能轻松地与别人融洽相处，在社会交往中如鱼得水。因此，有人说，会说话是成就一个人一生的宝藏。在日常生活中，会说话不仅会给你带来愉悦和欢畅，还可以帮助你在工作和事业中巧妙地表达自己的意见，阐明自己的主张，融洽人际关系。会说话的人能把平平常常的话题讲得引人入胜；嘴笨口拙者即使讲的内容非常好，听起来也会觉得索然无味。在工作上，领导更容易接受会说话的人的建议；而那些不会说话的人却连诉说的对象都没有。所谓"会说话是打开成功大门的一把金钥匙。"

第三章
找对话题，才能让对话持续

俗话说得好"一回生二回熟"，衡量同陌生人第一次谈话的成败，首先要审视交谈的话题，因为话题的好坏，直接影响交谈的结果，是交谈的第一要素，不容轻视，更不能忽视。

1. 找好话题，打开陌生人的话匣子

跟他人说话要找准时机，最好先侦察一番，这可不是费劲，也不是自找麻烦，做到明白对方状况再开口，不能不分青红皂白就向对方开口，没有弄清他人的情绪，很有可能你就会撞在枪口上。与他人说话找准对方感兴趣的事再说话，那么你更容易达成目的。

一些人和别人交流，把自己放在居高临下的位置，这就不可避免地导致他们对别人的谈话会进行判断，甚至强硬地、武断地下自以为是的结论。"这些年，您一个人生活得太孤独了。"说话的人的表情中带着一种廉价的怜悯。

"不，我一个人生活得很好，一点都没有感到孤独。"对方丝毫不领情。

说话的人依然很执着："鬼才相信呢。"

如果面对这样的谈话对象，那我们很可能三句话后就会拂袖而去。

所以无论谈话还是做采访，都要设身处地地为对方着想，才能顺畅地进行下去，否则只会是相反的效果。

俗话说得好"一回生二回熟"，衡量同陌生人第一次谈话的成败，首先要审视交谈的话题，因为话题的好坏，直接影响交谈的结果，是交谈的第一要素，不容轻视，更不能忽视。一般情况下，谈话要选择一些容易引起对方兴趣的话题，这样有利于创造一个轻松活跃的谈话氛围，使交谈得以深入，友谊得以发展。

在交际中，我们对每一次交谈的话题都应该精心选择，不应随心所欲地张口就来，否则，在还未进入交谈内容时，就已经危机四伏了。

但在具体选择话题时，要顾及谈话对象。一个话题，只有让对方感兴趣，谈话才有维持和继续的可能。比如，自己是球迷，就切莫以为别人都是球迷，逢人就谈球赛，遇到对球不感兴趣的人也大谈特谈，就会让对方感到索然无味、失去兴趣。

现代年轻人的话题时常围绕流行的服饰、时代的潮流等，有的人除了流行以外，对其他的话题都不感兴趣，这种做法已限制了交流的范围。那么怎样才能让自己成为说话的高手，又成为受人欢迎的人呢？

美国女记者芭芭拉·华特，初遇美国航空业界巨头亚里士多德·欧纳西斯时，见他正与同行们热烈讨论着货运价格、航线、新的空运构想等问题，芭芭拉没法插上一句话。在共进午餐时，芭芭拉灵机一动，趁大家谈论业务中的短暂间隙，赶紧提问："欧纳西斯先生，你在海运和空运方面都取得了伟大的成就，这是令人震惊的。你是怎样开始的？当初你的职业是什么？"这个话题一下叩动了欧纳西斯的心弦，他立即同芭芭拉侃侃而谈起来，动情地回顾了自己的奋斗史。

选择话题，除了注意对方的需求外，还要小心避开对方的禁忌，尽量选择"安全系数大"的话题。每个人除了有若干"禁区"外，还存在"敏感地带"，谈话中都应当小心避开。譬如，不幸者忌谈他遭受不幸的往事，失恋者忌谈爱情与婚姻问题，残疾人家庭忌谈家中的那位残疾者等。有时，与医生、律师等专业人士交谈，在他们工作以外的时间里，不宜谈过分具体的专业话题，如什么病该怎么医治，什么纠纷该怎么处理等。同要人交谈，往往忌谈政治、宗教和性的问题。对于一些很难处理的"敏感话题"，一般要尽量避而不谈。

某文艺编辑曾讲过一段故事。他邀一位名作家写稿，该作家非常难合作，各报社的编辑都对他大伤脑筋。因此，这个编辑在见面前也相当紧张。

一开始果不出所料，他俩各说各的，怎样都谈不拢。闹得编辑很是头痛，只好打定主意，改天再试。

这一次，编辑把几天前在一本杂志上看到的有关作家近况的报道搬出来，并说："您的大作最近要翻译成英文，在美国出版了。"作家见对方如此关心自己，就很感兴趣地听下去。编辑又说："您的风格能否用英文表现出来？"作家说："就是这点令我担心……"他们就在这种融洽气氛中继续谈了下去。

本来已不抱希望的编辑，此时又恢复了自信，最终获得了作家写稿的允诺。

因此，聪明的人应该站在关怀对方的立场与对方交谈，尤其是采取主动的人更应该注意，无论如何，关怀对方总会令对方觉得愉快。另一方面，作为被动的一方，对不感兴趣的话题，也不要显出漠不关心的样子，只要对每一件事都具有强烈的好奇心，每一个话题都可以聊上很久。

在公园，许多青年男女伫立在那里。他们中间有不少人是等待与情侣相会的，有两个擦鞋童，正高声叫喊着以招徕顾客。

其中一个说："请坐，我为您擦擦皮鞋吧，又光又亮。"

另一个却说："约会前，请先擦一下皮鞋吧！"

结果，前一个擦鞋童摊前的顾客寥寥无几，而后一个擦鞋童的喊声却收到了意想不到的效果，一个个青年男女都纷纷让他擦鞋。

两个擦鞋童为什么生意会不同呢？

听到第一个擦鞋童的话，尽管他的话礼貌、热情，并且附带着质量上的保证。但这与此刻青年男女们的心理差距甚远。因为，在黄昏时刻破费钱财去"买"个"又光又亮"，显然没有多少必要。人们从此听出的印象是"为擦鞋而擦鞋"的意思。

而第二个擦鞋童的话就与此刻男女青年们的心理非常吻合。"月上柳梢头，人约黄昏后"，在这充满温情的时刻，谁不愿意以干干净净、大大方方的形象出现在自己心爱的人面前？一句

"约会前，请先擦一下皮鞋，"说到了青年男女的心坎上。可见，这位聪明的擦鞋童，正是传送着"为约会而擦鞋"的温情提醒。

总结起来，一般而言，以下几种话题，容易引起大家的谈话兴趣：

（1）与谈话者自身利益密切相关的话题

（2）与谈话者兴趣、角色相关的话题

（3）具有权威性的话题

（4）新奇的话题

（5）某些特殊的话题

（6）被社会和他人禁锢、保密、敏感的话题

在与陌生人打交道中，你跟人交谈时是如何选择话题的，不妨为自己打打分。

2. 找到共同点，引发共鸣

与人初识，要谈得有味、谈得投机、谈得其乐融融，双方必须确立共同感兴趣的话题。有人认为素昧平生、初次见面，何来共同感兴趣的话题？其实不然。生活在同一时代、同一国土，只要善于寻找，何愁没有共同语言？一位小学教师和一名泥瓦匠，两者似乎没有投机之处。但是，如果这个泥瓦匠是一位小学生的家长，那么，两者可就如何教育孩子各抒己见、交流看法；如果

这个小学教师正要盖房或修房，那么，两者可就如何购买建筑材料、选择修建方案沟通信息、切磋探讨。只要双方留意、试探，就不难发现彼此有对某一问题的相同观点、某一方面共同的兴趣爱好、某一类大家关心的事情。有些人在初识者面前感到拘谨难堪，只是没有发掘共同感兴趣的话题而已。

我们设想一下，假如你坐在火车上，已经坐了很久了，而前面还有很长很长的路程。你想与他人讲讲话，却不知如何开口，这时，你就要尽力找到一个趣味十足的话题。

坐在你旁边的是一个很有趣的人，而你非常想和他聊天解闷，于是你便搭讪道："对不起打扰了，你有火柴吗？"

可是他一句话也不讲，只是点点头，从口袋里掏出了一盒火柴递给你。你点了一支烟，在还给他火柴时说了声"谢谢"，他又点了点头，然后把火柴放进了口袋里。

你继续说："真是一条又长又讨厌的旅程，你是否也有这种感觉？"

"是的，真讨厌。"

他应付着，而且语调中包含着不耐烦的意味。

"若看看一路上的高山，倒会使人高兴起来。再过一两个月去爬山，那一定更有趣。"

"唔，唔！"他含糊地答应着。

他显然对这个话题不感兴趣。这时你再也没有勇气说下去了。

假若一个话题能引起他的兴趣，那么无论他是如何沉默的一个人，他也会发表一些言论的。因此你在谈话的停滞之中，思考了一番后，又重新开始了。

"刚才车上放的歌曲真动听，"你说，"北京将要举办一次别开生面的演唱会。听说是关牧村的个人演唱会！"

你身旁的那位乘客坐了起来。

"你觉得关牧村的歌唱得怎么样？"他问。

你回答："唱得很好，我很喜欢听。"

"你喜欢听她的哪首歌？"他急着问。

由此可见，他的确是个文艺爱好者，并对关牧村敬慕非常。于是你可以说："我很喜欢听她演唱的《打起手鼓唱起歌》。她不仅歌儿唱得好，人也好！"

这位乘客听了这话便兴高采烈，滔滔不绝地谈了起来。

毫无疑问，与素不相识的陌生人见面，双方免不了都要存有警戒心甚至敌意。这种心理状态会毫不留情地束缚住双方。人际交往中，尤其是初次交往，尽量让对方放松心情，消除对方本身的心理戒备，是首先要解决的问题。"酒逢知己千杯少，话不投机半句多"。在初交时，如果不能打开对方的心扉，一切努力都会变成泡影。要冲破对方的"警戒"线，只有让对方感觉到你是可以信任的。那么，怎么才能让对方信任你，也就是说怎样把你对对方的尊重和信任的态度传达给他呢？

基本的技巧便是以同情共感的态度来了解对方的烦恼与要求。这就是心理学中所说的"共鸣"，也叫"移情"。

一个陌生人在你面前并不可怕，可怕的是你不能与他交谈。

你只要主动、热情地通过话语沟通，同他们聊天，努力探寻与他们交谈的共同点，赢得对方的好感，这样就能拉近你们之间的距离。

人与人之间交往，是从交谈开始的，交谈是交朋友、拉近距离、在思想上沟通的有效手段。许多事就是在不经意的交谈中找到双方的共同点，在思想上和心理上产生一种共鸣，达成一种共识，从而获得别人的认同。交谈是交流、引发共鸣、交上朋友的最好方法。

面对陌生人，你要想法使对方和你的感情产生"共鸣"，而一旦产生了感情的"共鸣"，谈话的双方便由陌生人成了好朋友。

　　两个武警战士从浙江某县城上车，坐在一条长椅上。
　　"你好，请问你在什么地方下车？"其中一人问对方。
　　"到终点站，你呢？"
　　"我也是，你到浙江什么地方？"
　　"我到杭州找女朋友，你就是此地人吧？"
　　"不是的，我是从外地来走亲戚的。"

经过双方的言语试探，双方都对这个城市很熟悉，对浙江很了解，都是外来者，这样他们的共同点就彼此清晰了。两个人发现对方的共同点后谈得很投机，下车后还互邀对方到彼此的家乡做客。

一般情况下，和别人初次见面，彼此都会感到紧张与尴尬。

但只要双方能找到共同点，有共同的话题，就能很容易地拉近彼此的距离。比如说，双方都是背井离乡，外出求职的，又是同一所学校毕业，还认识共同的人等，在交谈过程中他们就会倍感亲切。再比如刚开始见面时，一方问对方："请问你是哪里人？"或者是"你是哪所学校毕业的？"如果对方回答："我是杭州人。"他就会接着说："杭州啊！我去过。我记得当地最具特色的产品有……"这样用不了几分钟，两人便可以聊得非常热乎，仿佛是多年不见的朋友一样。

　　寻找共同点的方法有很多，譬如共同的生活环境，共同的工作任务，共同的路程方向，共同的生活习惯等，只要我们用心去发现，与陌生人无话可讲的局面是不难打破的。

3.　避开容易引起争论的话题

　　我们时常可以看到在公众场合两个人争得满脸通红的场景。和陌生人说话最忌讳的是引起争论。无论你的观点多么明确，或者，你有信心坚持你是对的，都很难在争论中取得最佳的讲话效果。

　　有一位无神论的朋友，向基督教的一位传教士说，上帝根本是没有的。他不但这样说了，而且还要求神学家提出反证的意见来。

　　神学家十分从容地取出一只表来，打开了表盖说道："如果我告诉你，这表里的轮子、发条、七杆等是它们自己生成的，自己凑在一处而且自己会动的，你当然会说我是在说梦话了。但是，你瞧上天的星星，它们各有固定的位置，各有行走的轨道，地球和太阳系的各行星绕着太阳转，每天要走100万里的路，每一颗星完全和太阳系一个样子，然而它们的运行，从不曾有相碰、紊乱、纷扰的情况，它们很安静、有条不紊地遵循自己的规律运行，请问你：它们是自己生成的呢，还是有着造物者在主宰呢？"

这段话说得很有逻辑！这位神学家所用的方法，开始用了和人家相同的立场，使人家说出一个"是"字，正如相信一只表是由人制造是一样的。假定，他一开头就向对方用责备的口吻说："什么？没有上帝，这真是傻，你自己也不明白你自己所讲的是些什么。"这样，两方必定要发生一场严重的争执，而那位主张无神论的朋友，一定更加固执于他的观点。

人的天性，都认为自己的尊严是很重要的，所以我们最聪明的办法，就是让对方保住尊严，而来赞同我们。很多会说话的人都是用了这个方法，使满含敌意的听众比较容易接受自己的意见，而不致损伤对方的自尊。他们很懂得这种心理上的微妙作用。但在大多数的争论中，都缺乏双方携手、并使一方意见深入对方心灵的堡垒，当争论开始的时候，双方早已站在对立面，即使用尽方法也休想再去说服对方。

擅长说话的人，总可以流利地表达出自己的意愿，也能把道理说得比较透彻、动听，使别人很乐于接受。甚至有时候还可以从谈话中立即判断出对方的意图，或从对方的谈话中得到启发，而且还能通过谈话，增进了解，与对方建立友谊。

我们常常看到一些不擅长说话的人所遭遇的情形恰恰相反。他们常常不能完整地表达出自己的意图，往往使对方费神去听，却又无法使别人明白他们话中的意思，这就使交际出现了困难。

遇到有事情与别人洽谈，或有事情需要与别人合作的时候，擅长说话的人总可以很愉快地把许多事情谈判成功，而遇到不会说话的人办事结果往往是不欢而散。

"信口开河""放连珠炮"都是不好的说话方式。"信口开河"并非表示你很会说话，相反，这证明你说话缺乏诚意、不真实、不负责任。描述一件事或者一个人，应恰到好处，别以为夸大其词可以收到预期的效果，事实上，言过其实，必定会被人轻视。至于说话像"放连珠炮"，那只会使人厌烦，因为在公共场合说话，你要顾及周围是否听明白、是否能理解你所表达的意思。假如你是对众人演说，要注意自己说话的声音是否每一个人都能听得到。

再者，说话是将字、句组合起来以声音的形式传递。"话"的实体还是字眼本身。运用字眼有以下几个原则：

（1）说话要越简洁越好

有些人叙述一件事情，喜欢卖弄才华，用重复的形容词，或用西方语言特有的修饰手法，或穿插一些歇后语、俏皮话，甚至引用经典、名人语录……如果费了很大的劲，别人却不知道你在说什么，也未能达到应有的效果，反而让人觉得你不踏实。有些人在说话时，东拉西扯，缺少系统的组织性，亦使人有不知所云的感觉。

如果你有上述缺点，只要在说话时记住说得简明扼要就行了，在话未出口时，先在脑子里构思一个轮廓，然后再按顺序一一说出来。

（2）词语不要重复使用

说一句"为什么"就够了，而有些人却要说："为什么？为什么？"答应别人一件事，说一两个"好"就足够了，但有些人却说"好好好好"，分别时说"再见再见再见"。其实这些词汇的重复，在加强语气时才用，其效果也与单独一个词语有差别。

（3）同样的名词不可用得太多

某人在解释月球上不可能有生命这一问题时，在几分钟内，把"从科学的观点上说"这句话用了二三十次。无论什么显示才华或新颖的词，用多了就会失去它应有的价值。

第一次用花来比喻女人的说法是聪明的，但第二次再用它就显得愚蠢了。我们当然不必拘泥上面所说的，每说一件事都要创造一个新名词，但把一句话在同一事件中反复来用，就会使人厌倦。

有一次，一位幼儿园老师讲故事。说到某公主，她说："这公主是很美丽的。"说到太阳，她也说："这太阳是很美丽的。"此外说到水池、小羊、草地、高山，也都用"很美丽的"来形容。结果小朋友们问她："老师，到底哪一个是最美丽的？"

她为什么不用"可爱的""柔嫩的""明亮的"等修饰词语

呢？这不是可以增加听者的兴趣吗？

（4）要避免说口头禅的习惯

当某一句话成为你的口头禅时，你就很容易被它束缚住，以致无论你想说什么、也不管是否适用，都会脱口而出。这毛病是容易被人取笑的。你或许爱说"岂有此理"，也许爱说"绝对的"，也许爱说"没问题"，这些和你说的话毫不相干的口头禅，还是尽量避免吧！

（5）不说粗俗的字眼

古谚道"字为文章的衣冠"，现在我们说："言语为个人学问和品德的衣冠。"相信这没有什么不妥吧。有些人穿着虽雍容华贵，但是不开口还好，一开口就满口粗话甚至不雅的下流话，使人听了作呕，敬慕之心也会顿时消失。可惜的是，有些人并非学识品格不高，不过是疏忽大意，习惯了，不知改正而已。

你可以用幽默有趣的话来表现你的聪明、活泼和风趣，但一句不中听的低俗话，会使别人觉得你卑劣、轻佻和无知。

粗俗的字句不可用，太深奥的学术用语在大众场合也不可多用，除非你是一个学者，与人讨论学术问题。满口新名词，即使使用得当，也是不太好的。

在不知对方的文化程度时，用词需谨慎。有些人不管对方懂不懂，就随便在话中夹入外国语和外来语，这也是要多加注意的。

良好的交际语言，应该是大方、熟练、生动、能准确表达你的意思的语言。

4. 看清楚场合再说话

说话要讲究一定的艺术，要做到不该说的不说，不该问的不问。要知道，这个场合能说的话在另一个场合就不一定可以说，昨天能说的话今天就不一定能说，对年轻同志说的话对老同志就不一定能说，对男同志说的话对女同志就不一定能说，对领导说的话对一般同志就不一定能说等等。

曹操赤壁兵败后，哀叹说："如果郭奉孝（郭嘉）还在，我不会落到今天这个地步。"这话语明里是在怀念郭嘉，暗里便是认为这群谋士皆是酒囊饭袋的意思。

谋臣当中自是有人心里不服气。早在用兵前贾诩就曾建议曹操好好经营荆州，不必急着伐吴，他日水到渠成，孙权自然会来归附。曹操如果采纳他的建议，也就没有后来的赤壁惨败了。

曹操把战船用锁链连在一起时，程昱说："船皆连锁，固是平稳，彼若用火攻，难以回避，不可不防。"曹操说冬天刮西北风，他们怎么用火攻？

后来起了东南风，程昱告诫曹操小心，曹操说："冬至一阳生，来复之时，安得无东南风？何足为怪！"

同样的建议，如果是郭嘉提出，曹操自然会言听计从，为什么郭嘉其人，曹操最为信赖，而其余谋士的建议，在曹操心中就要大打折扣了？

　　说话不仅要讲究适当的场合，还要适时。不管一个人说话的内容有多么精彩，如果时机掌握不好，也无法达到有效说话的目的，因为听者的内心往往随着时间的变化而变化。如果要让对方愿意听你的讲话，或者接受你的观点，就应当选择适当的时机。犹如一个参赛的棒球运动员，虽有良好的技术、强健的体魄，但是他没有把握住击球的决定性瞬间，或早或迟，棒就落空了。所以，时机非常宝贵。但何时才是这"决定性的瞬间"？怎样才能判明并及时抓住？并没有一定的规则，主要根据谈话时的具体情况而定。

　　在交际场合中，往往会出现这样的情况：有的人口若悬河，非常健谈；而有的人即使坐了半天，也没有讲一句话，他根本找不到要说的话题。当然这里有一个"切入"话题时机的问题。

　　在讲话的时候一定要及时地"切入"话题，首先必须找到双方共同关心的基本点。

　　如王某新买了一台洗衣机，因质量问题连续几次到维修站修理都没有修好，后来，他找到经理诉说苦衷。这时，经理以很快的速度把正在看武侠小说的年轻修理工小张叫来，询问一些相关的情况，并提出批评，责令其为王某修理。一路上，小张铁青着脸不说一句话。王某灵机一动，问道："你看的《江湖女侠》是第几集？"对方答道："第二集，快看完了，可惜找不到第三集。"王某说："包在我身上。

我家还有不少武侠小说，等一会你尽管借去看。"紧接着，双方围绕武侠小说你一言我一语，谈得津津有味，开始时的紧张气氛消除了。后来，不但修好了洗衣机，两个人还成了非常要好的朋友。

有些人在经历了说错话所带来的不愉快后，决定保持沉默。但是，身处社会之中，我们能够一直保持沉默吗？答案是否定的。

从前有一位僧侣，他的徒弟是个懒虫，老是睡到日上三竿。有一天他叫醒徒弟，对其大叫："你还睡，连乌龟都已经爬到池塘外边晒太阳了！"就在此时，有个人想要抓些乌龟给母亲治病，他听到僧侣的话后，就赶到池塘边。果然，有许多乌龟正趴在那里晒太阳。他抓了几只乌龟，为母亲炖汤。为了感谢僧侣，他带了些乌龟汤给他。僧侣却对乌龟的死感到非常愧疚，并发誓以后不再说话了。

过了不久，这位僧侣坐在寺庙前休息，他看见一位盲人朝着池塘走了过去。他原本想要叫盲人不要再往前走，但他记起了自己曾经的誓言，决定保持沉默。正当他的内心在交战时，盲人已经掉到池塘里了。这件事情让僧侣感到很难过，他才明白人活在这个世界上，不能一味地保持沉默或喋喋不休。

说话的艺术在于轻声细语有礼貌，不可以莽撞无礼。假如要避免争执或批评，就必须学会在适当的时机说适当的话。

说出事实是件重要的事，但是，假如你要说的事实会令人感到不快，那么你就放聪明些，会下棋的人没有闲棋，会说话的人也没有闲话。

平常人们喜欢用"口若悬河"四个字来形容会说话的人，其实这是很不恰当的形容词。泼妇骂街往往口若悬河，走江湖卖膏药的人，更能口若悬河，但是，我们并不承认他们会说话，因为"会"字的标准是要掌握好说话的时机，如果不看时机，就等于白费口舌。

在很多时候，当人与人之间的交谈进入主题时，就容易沿着惯性思维一路走下去，从而忘却了"言出如箭，不可乱发；一入人耳，有力难拔"的古训。这正是在许多谈话中途吵架或者不欢而散的主要原因。

在与人相处中，说话的时机把握不好，再好的言语也是很难打动人心的，也更难做到愉快地与人交往。既然是交往，那么在语言上就应该与人为善，同时也应该学会维护彼此的尊严与权利。要想做到二者兼顾，就必须掌握好每一句话说出口的时机。

5. 把话说到别人心坎里

西方的一位哲人说过这样一句话："世间有一种途径可以使人很快完成伟业，并获得世人的认可，那就是优秀的口才。"能够把话说到别人心里，在现代人的交际中是很重要的，能把话说到别人心里就会运气通、人气畅、财气旺；会把话说到别人心里就会使你在社交场合中脱颖而出、左右逢源，如鱼得水。

常言道"遇物加价，逢人减岁"。这是把话说到别人心坎里的一种技巧。人们永远希望自己的物品被别人认可、称赞，希望它超出固有价格；任何人都希望自己年轻貌美，渴望得到他人的赞赏。所以，要想把话说得更动听，就要学会"遇物加价，逢人减岁"的说话方式。

"遇物加价"与"逢人减岁"是两种不同性质的语言行为，需要因人、因地、因时而异，究竟如何做到这一点呢？不妨参考如下两点：

（1）物往贵处说

日常生活中，购物是一种普遍行为。购物过程中，大多数人的心理都是想花少量的钱买更多的商品。人们会发现这样一种现象：当某人花费50元买了一样价值100元的物品时，往往会非常兴奋，当别人提起时，内心会产生一种满足感。但是，如果花费100元，买了一件价值50元的商品，当别人提起时，不免会认为自己吃了大亏。在这种心态的作用下，"遇物加价"的说法，便成了一句时髦话。

前不久，阿才买了一套休闲装，阿呆知道它顶多只要两三百块钱就能买下来。阿呆见阿才正在为自己买的新衣服而高兴，便没把实际价格说出来。这时，阿才要阿呆猜一下这套衣服的价钱，阿呆说："这么好的衣服，最少也得五六百元才能买下来吧？"阿才听后，高兴得合不拢嘴，笑着说：

"我才花了400元，怎么样，我买东西的水平够高吧？"

阿呆明明知道该套休闲装的市场价格，但是他并没有说出来，而是故意抬高了衣服的价钱，这样一来，阿才的虚荣心得到了满足。

"遇物加价"这个方法，非常能讨人欢心，使用起来又非常简单，只要有意提高对方购买物品的价格，就可以了。值得注意的是，在抬高物品价格时，首先要对该物品的真实行情有个大致的了解，这样才能把"遇物加价"的方法表现得淋漓尽致，从而赢得他人的欢心。

（2）人往年轻讲

任何人都希望自己年轻漂亮，特别是成年人对自己的真实年龄是非常敏感的，一旦有人将自己的年龄往大处说，就会产生不悦感。所以，宁愿把人叫小了也不能把人叫老了，这是把话说到点子上的前提之一。例如，你是一位30岁出头的成熟女性，当别人说你像40多岁的女人时，你心里能高兴吗？或许嘴上不会说些什么，但心里也会责备对方不会说话。

成年人大多有怕老的心理，与人打交道时，"逢人减岁"就能派上用场了。这种方法应用起来，也非常简单，只要把对方的年龄往年轻说就是了，如果对方看上去大约有40岁，就可以说成30岁，对方听后自然会心花怒放，如果对方告诉你她的真实年龄时，你还可以进一步夸奖对方保养得好，懂得美容之道等，使对方的虚荣心得到充分满足。

值得注意的是，"逢人减岁"的方法只适合于中老年人。如果对20多岁的年轻人，使用这种说话方式，会起到适得其反的效果。对方会认为你看不起他，认为他不够成熟，怀疑他的能力，这时候要用"逢人添岁"取代"逢人减岁"的说话方式。

其实，以上两种说话方式，最终目的是投其所好、讨人欢心。当然，这种投其所好的出发点是好的，并没有巴结奉承的意味。这是一种善意的谎言，也是赢得好人缘的一种手段。

爱美之心人皆有之，每个人都具有不同的个性，也都具有不同的优缺点，抓住每个人的个性，赞美他们的优点，便是协调人际关系的有效手段之一。当然，赞美别人要真心，要恰如其分，不要言过其实，说得天花乱坠，过了头的就不是赞美，而是"拍马屁"了。因人、因时、因地、因场合适当地赞美人，是对别人的鼓励和鞭策。通常讲，年轻人爱听风华正茂、有风度，中年人爱听幽默风趣、成熟稳健，老年人爱听经验丰富、老当益壮、德高望重，女同志爱听年轻漂亮、衣服合体、身材好，少儿爱听活泼可爱、聪明伶俐，病人爱听病情见好、精神不错。

有道是说话要说到冷暖之处、喜痛之处、要害之处。有时话不在多，而在于说好。对人要有关怀之情，真正的关怀不需要很多，一个无言的动作，一个心领神会的表情，一句刻骨铭心的话，就能使人感动。对窘迫的人，说一句解围的话；对颓丧的人，说一句鼓励的话；对迷途的人，说一句提醒的话；对自卑的人，说一句振作的话；对痛苦的人，说一句安慰的话；对受了挫折的人，讲一句重新坚强起来的话；对头脑发热的人，讲一句降温的话；对高傲的人，讲一句"满招损，谦受益"的话；对私欲之心重容易受诱惑的人，讲一句洁身自好的话；对容貌长相一般的人，讲一句良好的个性和气质远比漂亮的外表更可贵的话。对需要帮助者来说，这一句话如同旱天的雨、雪中的炭，会使人终生难忘。

6. 察言观色，把握好说话的分寸

我们在交流中，都不是自己的"一言堂"，双方思想的碰撞才能产生更强大的力量。这要求在与别人谈话时，要耐心地倾听别人的意见，要善于"察言观色"，注意对方的姿势、态度、表情等，该讲则讲、该停当停。

会说话，不仅仅表现在提问和回答，还表现在依照不同场合、不同人群、不同风俗、不同背景的自然表达，只有这样你才能"八面玲珑"、处处"吃香"。

因人而异，主要从几个方面把握：

（1）看性别说话

性别不同，对言辞的接受也有差别。俄罗斯有一句谚语说："男人靠眼睛来爱，女人靠耳朵来爱。"说明对于接受外部信息，不同性别反应也有区别。

在言辞接受的程度上，一般说来，男士较能接受率直、干脆、粗放、量重的话语，而女士则喜欢委婉、轻柔、细腻、量轻的话语。说话者应依据接受对象的性别选择自己的表达方式与程度。

在通常情况下，说话者如果是男士，而接受者又并非自己的妻子、恋人或关系很密切的姐妹，那么言辞就应当严格把握分寸，在内容上、方式上都要充分注意女性的接受程度。对一些可以向男士说的话，就不一定能向女士说；对一些可以向男士使用的表达方式，就不一定用之于女士。

（2）看教养层次说话

教养是指接受对象的文化和品德水准，包括文化程度、知识积累、生活阅历、涵养气度等。教养层次不同，说话者的言辞的接受程度也不同。有些话说出来，甲听得懂，理解得了，乙就可能听不懂，理解不了。说话者在进行言辞表达时，要认清自己的接受对象教养层次如何，盲目表达不仅达不到说话的目的，甚至会弄巧成拙，贻笑大方。

（3）看性格说话

人各有其情，各有其性。言辞表达的内容与方式必须因人而异，符合接受对象的脾气、性格，才有可能产生"同声相应，同气相求"的效果。

性格外向的人易"喜形于色"，性格内向的人多半"沉默寡言"。同性格外向的人谈话，你可以侃侃而谈，同性格内向的人谈话，则应注意循循善诱。两千多年前，孔子就已注意到针对不同性格的学生以不同的方式回答他们的问题。

有一次，孔子的学生仲由问："听到了，就去干吗？"孔子回答说："不能。"另一个学生冉求也问："听到了，就去干吗？"孔子说："干吧！"公西华听了有些疑惑，就问孔子："两个人问题相同，而你的回答却相反。我有点儿糊涂，想来请教。"孔子答："求也退，故进之；由也兼人，故退之。"（意思是，冉求平时做事好退缩，所以给他壮胆；仲由好胜，胆大勇为，所以我要劝阻他。）

可见，孔子诲人不是千篇一律，而是因人而异，特别注意学生的性格特征的。日常生活、公关活动等各方面的交谈也要注意这一点。

（4）看对方心境说话

人际交流中经常会有"言者无意，听者有心"的情况，说话不注意洞察对方的心理状态，往往会产生意外的问题。

《红楼梦》第八十三回写到大观园中一个婆子教训自己的外孙女："你这不成人的小蹄子！你是个什么东西，来这园子里头混搅！"这话恰好被黛玉听到，她误认为婆子骂她，于是大叫一声道："这里住不得了！"直气得"两眼反翻上去"。

婆子的话本来是不让外孙女到大观园中来，但黛玉不这么想。她那种寄人篱下的特定处境和心态使她产生了误会。所以同样一句话，不同的人听来感受完全不同。

（5）看地域说话

地域指的是接受对象生活的地域，包括国别、省别、族别等。不同的地域有不同的文化，在认识、观念、习惯、风俗上都有区别，对说话者言辞的接受就会有所不同。说话者在进行言辞表达时，应当认清接受对象的地域性，才会产生良好的交际效果。

《尹文子·大道》讲了这么一件事：郑国人把未经加工处理的玉叫作"璞"，东周人把还没有腌制成干的老鼠叫作"璞"。郑国的一个商人在东周做买卖，一个东周人问他："你要不要买璞？"郑国商人说："我正想买。"于是东周人从怀里掏出一只老鼠递上。郑国商人赶快辞谢不要。东周人在表达时，没有认清其生意对象是郑国人，所以买卖没能成功。

地域不同而对言辞接受也有不同的要求，在世界上的表现大体有：欧洲人不喜欢听涉及政治倾向、宗教信仰、年龄状况（女性更重）、家庭私事、行动去向等问题的话，忌讳"13"和"星期五"；朝鲜、韩国、日本人忌讳别人说"4"；阿拉伯人喜欢"星期五"；泰国人喜欢"9"；菲律宾人不愿谈论政治、宗教及腐化问题；赞比亚人爱听尊称，最好加上职务和头衔；新加坡人不爱听"7"，反感别人对自己说"恭喜发财"，忌讳谈论关于猪的话题；扎伊尔人喜欢听随和、爽快、恭维的话；俄罗斯人喜欢听尊称、敬语、谦辞，倾心于"女士优先"的话题；突尼斯人喜欢别人在各种场合同自己打招呼，而且问候得越长、越久、越具体越好……

中国各地的人表现大体有：香港人爱听吉祥话，涉及福、禄、寿的都很喜欢，乐于别人随时随地对他说"恭喜发财"，喜欢"3""6""8"等数字，忌讳别人打听自己的家庭住址、工资收入、年龄状况，忌讳语也较多，如"炒包饭""炒鱿鱼"有解雇、开除之嫌，听之不吉利，"猪舌"有蚀本之嫌，改叫"猪利"，"丝瓜"有输光之嫌，改叫"胜瓜"；澳门人喜欢听别人说话干脆，直截了当，不爱听转弯抹角、吞吞吐吐的话语；蒙古族喜爱白色，爱谈与白色有关的话题，最厌恶黑色，忌讳别人谈论黑的话题；彝族忌讳背后议论别人的短处，特别是别人的生理缺陷；维吾尔族谈话以长为先，亲友见面会互道问候语……

因地域不同而产生的表达差别，甚至在同一个民族、同一个省区的不同地域，也有不同。比如，不同地方的人对西红柿的叫法不同，贵阳人叫毛辣角，遵义人叫番茄，兴义人叫酸角，独山人叫毛秀才……说话者如果不区分这些地域上的差别，说话目的就难以实现。有些严重的差异，如不分清，甚至还会对说话者产生严重的后果。

所以，一个人要想使自己说出的话引起对方的重视或取得对方的认可，必须把握好说话的分寸。

7. 成全别人的好胜心

不是谁都明白"成全"一词的重要性，也不是谁都会懂在成全别人的背后，也将成全我们自己。生活中就是有些人，无理争三分，得理不让人，小肚鸡肠。相反，有些人真理在握，不吭不响，得理也让人三分，显得超尘拔俗、君子风度。前者往往是生活中的不安定因素，后者则具有一种天然的向心力，一个活得叽叽喳喳，一个活得自然潇洒。有理、没理，饶人、不饶人，一般都是在是非场上、论辩之中，假如是重大的或重要的是非问题，自然应当不失原则地论个青红皂白，甚至为追求真理而刨根问底。但日常生活中，也包括工作中，往往为一些非原则问题、鸡毛蒜皮的问题争得不亦乐乎，非得决一雌雄才算罢休，越是这样的人越被别人瞧不起。

争强好胜是人的天性。对于别人的好胜心，我们不要极力排斥，更不要置之不理。相反，应该学会成全别人的好胜心。

学生们对一位新来的老师感到有些好奇和畏惧。因此这位老师故意在课堂上说："我的字写得不好看，板书更差，小学时我的书法都不及格。"以此博得学生一笑，为的是很快缩短师生之间的距离。有时他也会问学生："我的领带漂亮吗？"学生就会暗暗在心里想："这老师真有趣，尽注意些小事，可见老师也是凡人。"学生的心情一下子放松了，便对老师产生了亲切感。

与有自卑心理和戒备心的人交谈是很困难的，尤其在社会地位有差距时，对方在居下的位置上。心中会有胆怯感。此时对方心理上自然会筑起一堵防御墙，首先让对方树立"自己不比别人差"的观念，这一点很重要。

美国华盛顿特区有一位名演员，他是出名的花花公子，一位曾经被他追求过的女性回忆说："他触动了我的'母性'本能，我凡心大动。他往往会对我说：'我真笨，连衬衫都穿不好。'"这位男演员就是利用母性本能，博得女人欢心的。

人人都有自尊心，人人都有好胜心，若要增进关系，就应处处尊重对方的自尊心，因为要维护对方的自尊心，所以你必须抑制自己的好胜心。

比如对方与你有相同爱好或特长，并且刚好有比试的机会时，你就该让他一步，即使对方的技术敌不过你。但是一味退让，便表现不出你的真实本领，会使对方误认为你的技不如人，从而在心里轻视你。

所以你与对方比试的时候，应该施展你的本领试探"敌情"先使对方知道你不是一个弱者，如你占领优势，可故意留个破绽，让对方突围而出，从劣势转为均势，从均势转为优势，把最后的胜利让给对方。对方深知胜利得来不易，心情一定十分愉快，对你也有敬佩之心。

不过在安排破绽时，必须十分自然，千万不要让对方发现这是你故意让他，否则便觉得你虚伪。所面临的难题是如无法控制自己的好胜心一时冲动，不肯再做让步，或者在有意无意之间，从神情上、语气上、举止上、流露出故意让步的意思，那就白费心机了。

时下流行着一句话："玩深沉"，其实这种场合玩点深沉正显示了大度绰约的风姿。争强好胜者未必掌握真理，你若是有理，却表现得谦逊，往往能显示出你的胸襟坦荡、修养深厚。

8. 温暖积极的语言暖人暖己

恽代英说过："爱力可以创造世界。"的确，在这个世界上，正是因为爱的存在，才使世间多了很多的温暖。

情感是思想工作的"润滑剂"，能打开对方的心扉，沟通彼此的心灵，有时一片真情胜过千言万语。情通则理达，以情"动人"有助以理"服人"。有了感人的爱、动人的情，你说的话对方就愿意听，你讲的理对方就会信服。所以说，在与人交往中，特别是在与人说话的过程中，学会用温暖积极的语言，不仅仅能暖人暖己，使人际关系更加牢固，而且还能帮助你成就一番事业。

人与人之间，一句温暖的语言，恰似一阵春风，吹走你心中的阴霾；犹如一杯热茶，抚慰你受伤的心灵。而冰冷的语言，却像一把尖刀，损伤你的尊严；犹如一根木棒，摧毁你的自信。

美国伟大的发明家爱迪生，之所以有这样的成就，并且时刻对他人充满了爱心，和他的母亲有着很大的关系。在爱迪生小的时候，虽然他的老师经常冰冷地说他太笨了，但是他的母亲总是对他说："我的孩子，你是最棒的！"正是母亲的这些鼓励的话语温暖了他的内心，促使他努力学习，最终成为了一名伟大的发明家。

常言道：温言一句三春暖，恶语伤人六月寒。一句冷冰冰的话，有时可以扼杀一个希望；一句暖洋洋的话，有时可以成就一个天才。冷话，就是生硬的话，不带情感的话，甚至是冷酷无情的话。这样的话，谁都不愿意听的。其实，语言是有温度的，不同的语言给人的感觉迥然不同。

作为社会中的一员，不管是和陌生人交流还是和朋友交流，说话都不能太冷酷。只有让人感觉有亲切感，别人才会愿意与你交流，愿意与你增进感情，否则只会拉开彼此间的距离。这和与人为善，与己为善是一个道理。总之，我们平时最好用点"语言加温术"，利用温暖、积极的话语与别人交流，只有这样，才会实现有效的交流。

我们都知道，人是感性动物，并且都有逆反心理。在与人交流的过程中，会说话的人在说服别人前，都会先了解对方的内心需求，满足对方的需求，令对方折服。

利维是一家影片进出口公司的老板。后来，他对闭路电视产生了浓厚的兴趣，便组织了研究小组，对这一产品进行研发。

研究小组有3位主要专家，其中一位叫杰克。此人脾气古怪，性情暴躁，动不动就和别人争得面红耳赤。他几乎和研究小组的上上下下都吵遍了，连利维也包括在内。研究小组的人员都对杰克非常不满，纷纷向利维诉苦。但利维也没有办法，他找杰克谈了几次，结果都无济于事。杰克又是一位非常有能力的专家，研究小组不能没有他，对此，利维感到左右为难、苦不堪言。

有一天，在一个实验问题上，杰克同研究小组的另一位成员意见不合，在争论了几句之后，杰克再一次大动肝火，又拍桌子又摔东西，利维过去劝阻，也被他大骂了一顿。正在他们闹得不可开交时，杰克的小女儿安妮走进了实验室。小女儿看见爸爸那副怒发冲冠的样子，吓得哭了起来。杰克见状，再也顾不上同别人吵架，赶忙跑过去，赔着笑脸哄逗她。

看到这一情景，利维心里猛地一亮，顿时明白了一件事情：杰克虽然脾气躁，跟谁都起冲突，但对自己的小女儿却百依百顺，视为掌上明珠。不难看出，小女儿是他情感上的"死穴"。为了使杰克改变作风，更好地工作，利维立刻在公司附近为他租了一幢非常漂亮的房子，好让他有更多的时间和女儿待在一起。

当时，利维手头的资金本来就十分紧张，还为杰克租房，使杰克心里很是过意不去。因此，尽管利维再三动员，杰克还是坚持不搬。最后，利维说："搬不搬家，恐怕由不得你了。"

"什么？"杰克提高了嗓门，大声说："我自己不愿意，你还敢强迫我不成？"

"我当然不会逼你，不过，你的千金安妮已替你做主了。"利维微笑着看着他，继续说道，"她说你心情不好，容易发脾气，这会伤身的。如果她能住在附近照顾你，你就不会发脾气了。起初，我也拿不定主意，可是安妮最后还说：'我爸爸多可怜啊，我不能让他再忍受孤独了。'"听了这话，杰克的眼里充满了泪水，最终同意搬家了。从此之后，杰克更加努力地工作，脾气也变得好了许多，也很少与人大声争吵。

在这个故事中，利维最后妥善地解决了这个问题，就得益于他在说话的时候利用了情感，使他的话语能温暖人心。同时他看懂了杰克的内心需要，明白安妮对他的意义，于是，就不惜重金在公司附近为杰克租了房子，使杰克感动不已，并收敛了自己的坏脾气。如果利维不采用这种办法，而只是一味地训斥杰克，告诫他不准与别人争吵。杰克可能很难从命，更不会专心工作。在生活中，当我们遇到这样的问题的时候，我们也不妨先把生气和训斥放下，取而代之用一种温暖积极的语言，相信定会有不同的效果。

今天，我们应提高自身素质，用文明和尊重给语言加温，让温暖的语言围绕在我们身边。到那时，你会惊奇地发现，当你送给别人的，或者仅仅是几个"您好""谢谢""对不起"的问候，别人还给你的也是一脸的笑意，满身的温暖。尊重他人，文明用语，给语言加温，这样，每个人的生活才会充满温暖和善意。

生活在这样一个现实的社会里，虽然很多时候人们的情感被深深地掩藏了，但是，只要你主动用温暖积极的语言和他人进行沟通，给别人一些温暖的语言，生活就会更惬意，更纯净，更和谐。这样不仅仅温暖了别人的心，也让自己感受到生活的温暖，有的时候还会给自己带来意想不到的惊喜。

9. 不好说的话含蓄表达

在交际场合，我们经常需要向别人表达一些不太好说的意思，比如请求、谈判、批评等。这些话之所以不容易说出口，是因为人类具有自尊心，谁都不愿意遭到拒绝、指责和冷遇。某些人内心深处自视甚高，认为自己应该是最好的，一旦现实与心愿不符合，不可一世的自尊就会受到挫伤，从而转变成伤悲、仇恨、鄙视、嫉妒等恶劣的情绪，并且早晚会表现出来。因此，有些话说不好，就会得罪人，为自己招麻烦。

好在语言具有多样化的特点，一样的意思可以用多样的话说出来。同一个人听到同样意思用不同的说法讲出来，也会有不同的反应。这种情况使智慧的说话方式大有用武之地，这也向我们证明：人类作为高等动物所独有的自尊心，是多么愚蠢的一种心理，因为智者利用这种幼稚的心理可以把人玩弄于股掌之上。

比如，你要批评一个人所写的文章，如果直言不讳，显然会令对方难堪。但是，你可以换个说法，找出他的文章中一些可取之处，先满足他的自尊心，待他认同你的说法的时候，再把批评化作建议提出来，这样他会心悦诚服地接受你的意见，还对你很钦佩。你可以这样说："我一看开头就想看下去，我发现你一贯擅长把开头写得引人注目，勾起人的好奇心。要是结尾不是这样写，而是换一种思路，可能就更能与开头相呼应了，你说呢？"

既然没有触及对方的自尊心，那么他当然会冷静虚心地考虑你的意见。

因此，说什么固然重要，但怎么说更为关键。人的情绪常常蒙蔽了人的眼睛，使他看不透语言背后的语言，而只能最肤浅地从对方的用语上来理解。

你完全可以表面上说他爱听的话，而把真正的意图隐藏在这些话里，也就是"话里有话"，让他心甘情愿地跟着你的思路走。

在什么情况下说话要含蓄呢？

（1）有些话不便直说时，要用含蓄的方式

人们谈起《水浒传》里的鲁智深，便会立即想起他那心直口快的"直炮筒"形象来。其实，即使是最直率的鲁智深，有时也离不开委婉，说话也有含蓄的时候。鲁智深三拳打死镇关西后，为了逃避官家的追捕，只得削发为僧。电视剧中有这样一段台词：

法师：尽形寿，不近色，汝今能持否？

智深：能。

法师：尽形寿，不沾酒，汝今能持否？

智深：能。

法师：尽形寿，不杀生，汝今能持否？

智深：（犹豫）

法师：（高声催问）尽形寿，不杀生，汝今能持否？

智深：知道了。

要鲁智深不近女色不饮酒，他能做到；要他不惩杀世间的恶人，实在难以做到。但此时若答"不能"，则法师必不许其剃发为僧，他就无处藏身了，因此来一个灵活应付，回答"知道了"。法师面前过得了关，又不违背自己的本意，真是两全其美。

（2）有些话不必直说时，要用含蓄的方式

从前，有个酒店老板，脾气非常暴躁。一天，有个客人来喝酒，才喝了一口，嘴里便叫："好酸！好酸！"老板听后大怒，不由分说，把客人绑起来，吊在屋梁上。这时来了另一位顾客，问老板为什么吊人，老板回答："我店里的酒明明香醇甜美，这家伙硬说是酸的，你说该不该吊人？"来客说："可不可以让我尝尝？"老板殷勤地给他端了一杯酒，客人呷了一口，酸得皱眉眯眼，对老板说："你放下这个人，把我吊起来吧？"

这位客人委婉含蓄的说法，既收到强烈的讽刺效果，又显得非常艺术。

有人曾问美国总统林肯："你当总统的滋味如何？"林肯回答道："你听说过一个故事吗？有个人全身被涂上焦油并裹上羽毛，用火车运到城外。"这个人问到底："这滋味究竟如何？"林肯说："要不是为了这事的荣誉，我宁可走路。"

真是说得含蓄、得体。一句话既不失当总统的荣誉，又使人体会到当一位大国总统的艰辛。

（3）为了增强交际的效果，要用含蓄的方式

美国有一位传奇式的篮球教练，叫佩迈尔。他带领的迪尔大学篮球队曾获得39次国内篮球比赛冠军，使球迷们为之倾倒。可是有一年，他的球队在蝉联29次冠军后，遭到一次空前的惨败。比赛一结束，记者们蜂拥而至，把他围得水泄不通，问他这位败军之主此时此刻有何感想。他微笑着，不无幽默地说："好极了，现在我们可以轻装上阵，全力以赴地去争夺冠军，背上再也没有冠军的包袱了。"

这便是说话委婉含蓄的美妙之处。

第四章
精准表达，这样沟通更有效

朋友之间的沟通无关利害，可以不愠不火慢慢来。但是求人办事，工作或生意上就不可马虎了。最好使用简明扼要的语言以最短的时间说明问题，且不可拖拖拉拉，马马虎虎。

1. 简洁精炼的言语风格

好的口才是不用打稿的作文，要说明一件事，词句也很重要。能用一句话说明的问题千万不能用两句话。

（1）简单、明确是沟通的重要工具

提高语言表达能力，学会简洁是必过的一关。

比如上司要你报告前几天的工作情况，你能像下面这样回答吗？

职员："前几天我重病在床。"

上司："什么，你没去那家公司？"

职员："后来，我托小王去办。"

上司："他做得如何？"

职员："他由于有事外出。"

上司："还是没办……。"

职员："不，我强撑病体，去那家公司，见到经理。"

上司："快说呀，怎么办？"

职员："他不愿接受我们的条件。"

上司："啊！"

　　职员："但是……"

　　上司："滚出去。"

　　是的，如果你在紧急情况下一再拐弯抹角、吊人胃口，只会落个滚出去的下场。

　　简洁精练是以最经济的语言手段，输出最大的信息量。在公关交际中，简洁精练的语言常常能比繁杂冗长的话题更吸引人。它体现出说话人分析问题的快捷和深刻，是其认识能力和思维能力高超表现；它能使听者在较短的时间内获得较多的有用信息，有助于博得对方的好感；它是说话人果敢、决断的性格表现。自信心强、办事果敢的人，其语言是简洁精炼的。这一语言风格也是时代风貌的反映，现代化社会节奏快、时间观念强，说话简洁会给人一种生气勃勃的现代人的感觉，尤其为人推崇。所以我们要努力培养自己的简洁精炼的言语风格。

　　①头脑里要库存一定量的材料，并且临场交际要善于选用恰当达意、言简意赅的词语来表达思想，不要让一条简短的信息淹没在毫无意义的修饰成分、限制成分和无谓的强化成分之中。

　　②要抓住重点。说话时，要使语言中心突出、切中要害，不要东拉西扯、言不及义。

　　③要理清思路。说话前，对于自己要表达的思想先要非常清楚，安排好结构，条理连贯、层次分明，同时注意平定情绪，保持情绪稳定，这是理清思路的一个重要条件。

（2）注意语言用字的魔力

用对了字眼不仅能打动人心，同时更能带出行动，而行动的结果便展现出另一种人生。

当我们所说的话用对了字眼就能叫人笑、治疗人的心病、带给人希望。然而若是用错了字眼就会使人难过、刺伤人心、让人失望。同样地，借着所用的"字眼"可以让别人了解我们的心志和愿望。

马克·吐温说："恰当地用词极具威力，每当我们用对了字眼……我们的精神和肉体都会有很大的转变，就在电光石火之间。"

历史上许多伟大人物就是因为善于运用字眼的力量，大大地激励了群众，让他们决心跟随着这些伟大的人物。的确，用对了字眼不仅能打动人心，同时更能激励行动，而行动的结果或许将迎来另一种人生。当帕特里克·亨利站在十三州代表面前慷慨激昂地说道："我不知道其他的人要怎么做，但就我而言，不自由毋宁死。"这句话激发了几代美国人的斗志，誓要推翻长久以来骑在他们头上的苛政，结果造成"燎原之火"，美利坚合众国最终得以诞生。

美国一位伟人曾做过一个演讲："当我们今天得以享受到充分的自由时，不要忘了独立宣言，虽然那没有几句话，却是两百多年来所给予我们每个人的保障。同样地，当我们这些年致力于种族平等时，不要忘了那也是因为某些字眼的组合而激发出来的行动所致，请问谁能忘记美国金恩博士打动人心的那一次演讲——'我有一个梦，期望有一天这个国家能真的站立起来，信守它立国的原则和精神……'"

第二次世界大战期间，英国正处于风雨飘摇之际，有一个人的话激起了英国全民抵抗纳粹的决心，结果他们以无比的勇气挺过了最艰苦的时刻，打破了希特勒部队所向无敌的神话，这个人就是丘吉尔。

许多人都知道，人类的文明一部分是由那些具有总结性的真理所写成的，然而却鲜有人知道那些伟人所拥有的语言力量却也能在我们的身上找到。这能改变我们的情绪、振奋意志，让我们有胆量面对一切挑战，使我们的人生变得丰富多彩。

生活中时时选择使用积极性的字眼，最能振奋我们的情绪，反之，若是选择使用消极的字眼，我们很有可能自暴自弃。遗憾的是我们不经意间使用了不合适的字眼，以致错失了唾手可得的大好机会。因此我们务必要重视话语用词的重要性。

我们在跟别人说话时常常用字十分谨慎，然而却不常留意自己习惯用的字眼，殊不知我们所用的字眼会深深影响我们的情绪，也会影响我们的感受。因此，如果我们不能好好掌握怎样用词，如果我们随意用词，很可能就会错误地表达所历经的事。譬如说当你要形容一件很了不起的成就，用的字眼是"不错的成就"，那你就很难表达出你兴奋的感觉。这全是因为你用了具有局限性的字眼所致。一个人若是拥有丰富的词汇，那就有如手中握着一个可以调出各种颜色的调色盘，可以尽情描绘你的人生经验，不仅为别人，更可以为自己。

在此我们再举一个著名的例子：

那事发生在美国的一家全国性的卡车服务公司，因为改了一个词就大大地提升了他们的工作效率。那家公司的管理阶层发现他们所送的货物中有万分之六会送错地方，这使得公司每年得额外赔上25万美元的损失，为此公司特别聘请了戴明博士去给他们诊疗一番。根据戴明博士的观察，发现这些送错的案子中有五六成是因为该公司的司机看错送货契约所致。为了能一劳永逸地消除这样的错误，使公司篮提升服务品质，戴明博士建议最好把这些工人或司机的头衔改为技术员。

一开始公司觉得戴明博士的建议有些奇怪，难道把职位头衔改一改就能把问题解决？难道就做这么一个简单的改动便可以了？可是没有多久绩效就提高了。当那些司机的头衔变为技术员之后不到30天，先前万分之六的送错率一下子便下降到了万分之一以下，也就是说从此那家公司一年可以节省25万美元。

这个例子说明了一个事实，词的转换不管是用在个人或企业管理上都有相同的效果。

（3）注意声调和表情

对外沟通，是使你的思想被接受，或达成愿望的一种力量。理想要被别人接受才能实现，否则很难达成。美国有一句名言："你想改变世界，得先改变自己。"这不是要去讨好人家，而是要能接受改变，才有办法适应，进而改变世界。

在对外沟通上，大家可能认为没有问题，事实上，沟通并不简单，许多劳资纠纷、政府政策无法推行……都是沟通不良所造成的。

根据行为学家所做的实验统计指出，其实很多人讲话，重要的内容只占7%，声调、表情占30%，身体语言占了55%。

形象生动的语言把无形变成有形，把概括变成具体，把枯燥变成生动，大大吸引了听众的注意力。形象化的语言让听众的视觉、听觉、嗅觉、味觉都一起参加接收活动，大大增强了语言的感染力。此外，它也是构成其他语言风格的基本手段。

想要语言形象生动应做到如下几点：

（1）选用有色彩、有形象的语词

色彩词和形象词可将听觉形象转化为视觉形象，而视觉形象留给人的印象往往比听觉形象留下的印象更深刻。

（2）运用各种修辞手法，如比喻、拟人、夸张等

运用修辞手法可以用浅显通俗的事物或道理来说明比较复杂、抽象的事物或深奥难懂的道理。

（3）要注意寓理于事，将深刻的道理寓于具体事实之中

那种干巴巴的说教，往往使听者觉得乏味。要学会善于运用

生动典型的事例阐明事理，增强语言的魅力。

2. 把你的想法清楚地表达出来

沟通，就要使对方明白你的意思。要使对方明白就必须表达清楚。这是沟通所要求的基本语言能力。

（1）讲话的快慢要适度，声音要适中

在交谈过程中，首先要留意自己说话是不是太快了，如果说话快而致字音不清，就会使人听了等于没听。即使快而清楚，也不足效仿。说话的目的在于使人全部明了，别人听不清、听不懂，都是浪费时间。故我们要训练自己，讲话的声音要清楚，快慢要合度。说一句，人家就可听懂一句，不必再问。你要明白，陌生人或下属是不敢一再请你重说的。

其次，说话的声音不要太响。在火车里、在飞机上或是在有严重噪声干扰的地方，提高声音说话是不得已的。但是平时就不必要也不能太大声，在公共场所或在会客室里，过高的声音会使对方感到不舒服。

说话虽不能太快也不能太响，但在谈话中，每句话的声调也该有高有低、有快有慢。说话有节奏、快慢合适，可使你的谈话充满情感。你可留心那些使人兴趣盎然的说话方式，留心舞台上的名角念词的方法。

（2）要揣摩如何用词，说话越简练越好

有些人在叙述一件事情时，拼命说许多话，还是无法把他的意见表达出来，结果对方费了很多时间与精力，却抓不到他话中的意思。所以，话未说出时，应先在脑里打好一个轮廓，拟几个要点。

沟通，是人与人之间特有的联络方式，而企业与外部环境的沟通，是人与人之间关系的一种放大。管理沟通既是一门技术，又是一门艺术，它有特定的规律和技巧。学习和掌握这些技巧，使人心情舒畅、工作顺利、生活美满。对公司来说，有效的内外沟通是确立良好的社会形象、获取成功的秘诀之一。

良好的沟通能力，从某种意义上讲可能比知识水平、分析能力和智力程度更为重要。良好的沟通，应注意以下几点：

（1）你必须机灵一些，创意要能提起人的兴趣

如果你总是向老板唠叨一些婆婆妈妈的琐事，你的前途就无望了。

（2）与人沟通要有自信、不说废话

（3）轻松潇洒的态度对于沟通的成功至关重要，你如果过于紧张，别人看着也会难受

（4）说话诚恳会给对方一个好的印象，诚实一定会助你成功

（5）对方的兴趣所在是话题的焦点，对对方的兴趣要敏感

（6）保持适当的幽默感

（7）不要让情绪左右讯息的传递

不要心里不同意对方的话，或是另有看法，就打断别人的话。倾听并不等于完全同意对方，它只是一个"听"的动作。

（8）不要妄下结论

未经仔细考虑而下的结论，即使当时双方都很满意，日后也有可能造成麻烦。例如，太快决定雇用某人，很可能造成日后各方时间、金钱及精力的浪费。

第一个反应一定要向对方做正面肯定的回答，就算你完全不同意对方的观点，至少也要感谢他愿意花时间和你一谈。

3.　正面说话听起来舒服

人们都喜欢听赞美的话。所以与人沟通时不管对方遇到什么事情，先讲对方的优点和好处。

"良言一句三冬暖，恶语伤人六月寒。"这是众所周知的道理。"恶语"当然是指那些侮辱贬损、攻击谩骂的话。其实，伤人的话不只是恶语。你没有骂人，但却经常从反面说话，那也照样会伤害别人。至少会使对方抵触反感，从而阻碍交流和沟通，影响人际关系。所以，我们不妨树立这样一种新的意识：正面说话三冬暖，反面说话六月寒。那么究竟什么是正面说话？什么是反面说话？为什么一定要正面说话，而不要反面说话呢？

正面说话就是从肯定的、积极的、鼓励的、满意的、希望的和爱护的方面说话，给人良好的正面的回应；反面说话则是从否定的、消极的、贬斥的、不满的、嫌弃的和责怪的方面去说话。

比如，一个人打保龄球，一下子打倒了7个瓶子，还有3个没打倒，你作为此人的指导者该怎么说话呢？如果你着眼于还有3个瓶子没打倒，就会表达出不满意的口气和措辞。这就是反面说话，会使人泄气、产生抵触情绪。如果你从肯定和鼓励的方面去说："好！打得不错，已经打倒了7个瓶子，继续努力！"这就是正面说话，对方会因肯定、鼓励的语气受到鼓舞，振作精神，把该做的事情做得更好。

为什么正面说话才会有好的效果呢？因为人际交流不仅是彼此交换信息，更多的是在感情上的相互刺激影响。我们每个人都需要积极、正面的刺激，不需要也不喜欢消极、否定的刺激。反面说话或轻或重、或多或少总是给人以不良的刺激，这就必然会激起对方的自我防卫心理，产生抵触的情绪，无形中促使对方和你"唱对台戏"。所以，唯有正面说话才能促进正常有效的人际交流，反面说话只会阻碍交流，有害无益。

我们再以谈生意为例来加以对照比较。甲乙双方在交货的时间存在矛盾，怎么谈呢？

反面说话：如果贵方不在时间上按我方要求办，那就甭想达成协议！即使乙方很想达成协议，甲方如此从反面说话，也会使对方反感，从而一口咬定在时间上不可能按甲方的要求办，结果谈判不欢而散。甲方如果能从正面说话，谈判至少还有商量的余地。

正面说话：如果贵方能在时间上尽力提前20来天，我们达成协议就没多大问题了，请您多加关照好吗？这样说话会促使对方通过逻辑推理、权衡利弊得失，进一步考虑你的要求，也就很可能改变局面，达成协议了。

假如双方在开价问题上还有分歧，你可以比较选择哪一种说法有利。

反面说话：不行，你的开价过高了，你至少低一个百分点，我们才能打交道。要不然，我就去找别的公司了，你可别后悔！

正面说话：在开价问题上，咱们是不是再商量一下。你知道，我很愿意和你打交道。我们之间具备长久而良好的合作关系，我们双方都愿意把这种关系发展下去。现在这个价钱，我本人觉得还可以，但我们领导不太同意，因为他刚刚得到一个情报，说有家公司的开价，比你们的开价低一个百分点。我希望咱们的合作能长久稳定，请你照顾一下我的难处，好吗？

显然，你从反面说话，对方即使担心后悔，由于情绪上的抵触，也会嘴硬，一口拒绝。而婉转地表达同一个意思，却能够争取感情上的沟通，让对方理智地思考，就容易把事情谈成。

某大学管理系邀请一位学者举办现代管理科学的系列讲座，因为内容新颖、表达生动，踊跃来听讲的学生不仅有管理系的，而且还有其他系的同学。由于人数众多、座位有限，管理系的学生晚来一步的就没有座位了。为此，负责举办这次讲座的老师向大家发出一个通告：

"同学们，我们这次举办的讲座来听的人很多，为了保证我们管理系的同学都有座位，请其他系的同学一律坐在第10排以后的座位上。谢谢大家的合作！"

这番话的意图无可非议，但这样说会使其他系的同学有一种"外人"的感觉，似乎不受欢迎。为什么不能换个角度，把话说得顺耳中听一些呢？比如这样说效果就比较好：

"同学们，这次讲座来听的人很多，不论是哪个系的同学，我们都很欢迎！但由于座位有限，为了让别的系的同学也都尽可能有位可坐，请管理系的同学一律坐在前10排以内！谢谢大家合作！"

你看，同样的事情和意图，可以从这个角度说，也可以从那个角度讲。我们为什么不选取最佳的角度，力求最佳的效果呢？所以，我们一定要正面说话，而不要从反面说话。

4. 选择好问话的方式

要想从别人那里获得信息，必须诱导别人说话。提问就是这样一种方式。提问有方，你就会达到目的。

生活中的问话有三种机能：释疑、启发及打破谈话的僵局。

问话要讲究技巧。高明的问话不但能达到目的，而且被问的一方也能正常、自然地回答。下面是几种常见的问话形式和方法。

（1）直接型提问

提问，需要考虑环境及时机。提问者要根据不同的环境和时间用不同的提问方式，有时需要委婉，有时需要直露。直接型提问则属后者。当我们需要对方毫不含糊地做出明确答复时，直接型提问是一种较理想的方式。一般说来，生活中常见于父母对孩子的责问，上级对下级工作的询问。如果交谈者双方关系比较亲密且所提问题又不会引起不愉快的后果时，也可以采用这种方式。

直接型提问直来直去、速战速决、节省时间。但一定要注意场合和时机，否则就会事与愿违。

（2）诱导型提问

直截了当地提问，是要求直接求得答案。但也有一种情况，答者出于知识水平或因与个人利益有利害关系，不急于直接回答。这时你可以采用诱导型的提问方式。这种发问不是为自己答疑而问，而是为了紧紧吸引对方思考自己的问题，诱导对方接受自己的观点，故意向对方提问。它具有扣人心弦、诱敌深入、以柔制刚，扼喉抚背的效果。

这一问法还可以运用在推销上。一位心理学家调查时发现，一些人在喝可可时有放鸡蛋的习惯。因此，服务员发问时，不要问"要不要加鸡蛋"，而应当问"要一个还是要两个"。这样问，多做一个鸡蛋的生意绝对是有可能的。

（3）启示型提问

这种提问方式重在启示。要想告诉对方一个道理，但又不能直说，通过提问引起对方思考，直至明白某个道理。

老师批评学生，在指出对方的错误行为之后，常常接着问："你觉得这样做对吗？"就是一种启示型提问，此外还可以采用声东击西、欲擒故纵、先虚后实、借古喻今等提问方法。

（4）选择型提问

提问不同于质问，其目的不是难倒对方。在日常生活中，许多问话不只是征求对方的意见、统一对某个问题的看法。这种情形向对方提问时，我们可以用选择型。选择型提问容易形成一个友好的谈话氛围。被提问者可以根据本人的意愿，自由地选择答案。比如：

炎热的夏天，你家来了客人，你想给他弄点东西解渴，但又不知道他喜欢什么，你可以这样问他："你是要茶还是咖啡，或是西瓜？"这样，客人能选择他自己喜欢的东西，同时也形成了友好的气氛。

（5）攻击型提问

发问要考虑对象，尤其是被提问者与自己的关系。如果对方是自己的竞争对手，这时候提问的目的是为了直接击败对手，你不妨可以采用攻击型提问的方式。

（6）迂回型提问

迂回式提问是指先不直接提出所要解决的问题，而是提出与此有关的其他问题，然后瞄准时机，托出要点的提问方法。这种提问能使听众对问题有一种豁然开朗的感觉。国际著名推销员马休的拿手好戏就是使用迂回式提问法，如：

"尼斯先生，如果有一笔生意能为你带来1200英镑，你会对此感兴趣吗？""这是什么样的生意？你说吧！"听到此语，马休便开始了推销工作。几乎每次，马休都能取得丰硕的成果。

设置一个"疑问"，往往能在"山重水复疑无路"之时，收到"柳暗花明又一村"的效果，这是迂回式提问法的奇特功效。

（7）"如果式"提问

首先我们可以养成习惯，用"如果"引导的问句问对方能够得到更好的结果的话，就要避免简单用"是的"来回答对方的提问。比如，你给顾客介绍一种产品。顾客问："能做成绿颜色吗？"你知道能，但是你不说"能"，你反而问："你喜欢做成绿颜色的？"顾客通常会回答说："是的。"而后你再问："如果我给你找一件绿色的，你会定购吗？"

以"如果"引导的问句把问题又还给了对方。一位代表就是用这种方法从销售经理升到销售主任的。他问总经理怎么做才能被提升为销售主任。然后他用"如果"提问的方法，在一定的时间期限内完成所定任务，因此获得提拔。

若用"如果"这样的句型能获得所希望的结果，我们就应养成多用"如果式"提问的习惯，而不要总以"是的"来简单回答了事。我们可以用做游戏的方式来练习，直到成为自然而然的反应。例如：当家里人请你倒杯咖啡时，你不要说"是的"，而要问"你想喝杯咖啡吗？"，他们总是会说"是的"。而后你再说"如果我给你倒咖啡，你能……"你可以提出任何要求或疑问作为倒咖啡的条件。

（8）"足够式"提问

问句中用"足够"这个词非常有效，可以得到对方的认同。例如：

"你觉得下星期一开始就够快的吧？"

回答"足够"意味着我们下星期一开始。

回答"不够"意味着我们要在下星期一前就得开始。

"你觉得十台电脑够了吗？"

回答说"够了"意味着十台电脑能满足我们的需要了。

回答说"不够"意味着还要增加。

（9）对次要问题提问

我们如果对一个想法中的次要内容征求他人同意的话，那么也就得到包括对主要内容的同意。例如：

　　"有了新电脑系统后我们应该配备第二台打印机了吧？"同意配备第二台打印机的人一定在原则上已同意购买新电脑了。

5.　通过谈心进行有效的沟通

　　沟通最简便的、最受欢迎的方式就是谈心。许多人在谈心中找到了朋友乃至合作伙伴。可见，以谈心的方式来进行沟通是多么的有效。

　　（1）明确目的，有所准备

　　谈心与聊天不同，聊天的话题广泛，随聊随换，而谈心则是指对心理、思想的交流。要取得成功，必须明确目的，有所准备。

　　明确目的主要指通过谈心要达到的结果。比如两人之间看法不同，互不服气，以至于影响到工作上的合作。谈心之前要明确，目的是让对方更多地了解自己，摒弃前嫌、携手共进。

　　有所准备是指在谈心前精心构建交谈用语、谈话内容及谈话进程，怎样开始，说些什么，何时结束，都进行充分准备，以免谈起来零乱分散，甚至言不及义，影响表达效果。

有所准备还包括预设谈话中对可能出现的各种情况的处理方法。有了这些准备，谈心活动就不会演变成争吵或僵持，就能根据对方的反应调整交谈方式，确保交谈目的的实现。

（2）切入正题之前先进行铺垫

谈心开始时的话题是最难构建的。这时，可以让表情来代替，一个真诚自然的微笑，表明你与对方谈心的态度是诚恳的，然后再来上一两句寒暄，进一步表明你的友好态度和诚意。这样的"开场白"有利于气氛的缓和，有利于谈话的深入。

开场白过后，应很快地切入主题，譬如消除某个误会、说明某种情况等。因为这时双方的关系只是表面的礼节性的和缓，若讲太多无关主题的内容会引起对方的反感，同时也会暴露你的弱点。直接切入正题，让双方就一个问题展开对话，进行沟通，尽快消除分歧、澄清误会、说明情况，以便达成共识。

（3）语言诚恳，感情真挚

谈心是要向交谈对象阐明自己的某种观点或见解，而不是加剧矛盾。因此要以诚恳之心来遣词造句，选用中性的、不带有强烈刺激性的词语，避免让对方产生反感和受刺激的心理效应，让这样的话语传达出你的沟通诚意。

在整个谈心过程中，对个性极强、难以理喻的谈心对象，要把握其特点，除了使用能阐明观点的话语外，更要以情动人，多使用具有情感交流作用的词语来制造气氛，沟通心灵，理顺情绪。如：

有两位老同志，许多年前因工作造成分歧，相互不理睬。其中一位上门化解多次，但对方态度强硬，拒不接受。这次去，他说了这样的话："我今年60岁了，你比我大，该是62岁了吧？咱们都是过了大半辈子的人了，还有多少年好活呢？我真不希望咱们到另一个世界还是对头。"从人生无多这个老年人易动情的话题入手，使对方产生情感共鸣，终于两人消除了隔阂。

（4）注意语气、声调和节奏

谈心时，如果语气、声调和节奏运用不当，也会影响到说话水平以及最终结果。

谈心时，语气要和缓、委婉，不能声色俱厉、咄咄逼人。和缓委婉的语气能冲淡对方的敌对心理，能给对方一种信任感、诚实感，不至于造成双方心理上的压抑，不至于激化矛盾。语气往往体现在说话的表述方式上，追问、反问、否定往往使语气显得生硬、激烈，易引起对方反感；而回顾、商榷、引导、模糊的语气往往能制造平淡和谐的谈话气氛，有利于减轻压力，阐明事实、表明观点。

声调在谈心的效果上也起着重要作用。当一个人心存怒气时，说话的声调无疑会上扬，形成一种尖刻的没有耐心的调子。这种尖刻的没有耐心的调子有很强的传染性，会使对方马上也像受传染一样针锋相对，厉声对厉声、尖刻对尖刻，只会使事态扩大，矛盾加深。

语言的节奏有舒有急、有快有慢。使用快节奏讲话往往会使你显得心急、情绪不稳、易激动发火，这不利于交谈双方的思考应对，显得没有诚意；节奏太迟太缓，显得缺乏生气、没有信心，影响谈话效果；节奏适度方显自然、自信、有力，易从心理上影响对方，产生良好的心理效应。

6. 改善沟通的语言技巧

在与人沟通时难免会有许多不方便和尴尬的情况存在。许多人面临这种情况能忍就忍了。其实大可不必，改善沟通的语言技巧，这些都是小菜一碟。

艾媚有个朋友不断向她借东西，但从不归还。艾媚鼓不起勇气向她追讨。她的解释是："如果我去质问她，就会伤害她的感情，而她又是我很要好的朋友。"

玛丽在工作单位里有个能言善辩的同事，三番五次地说服玛丽替他做一部分工作。玛丽一向把自己视作愿意为别人帮忙的好好女士，可是她也知道那个同事一直让她帮忙，仅仅是为了自己能腾出时间去交际应酬，却无法拒绝，他的解释是："老是找不到适当时机和场合来提起这个问题。"

安德莉亚对她的两个孩子所要求的任何事情，不论是购买新玩具、迟迟不上床睡觉或是不做作业看电视，差不多全都答应。安德莉亚的解释是："他们只是孩子，满足其要求会使他们快乐。"

像艾媚、玛丽和安德莉亚这样的人，往往为了不发生冲突或让别人满意而步步退让，他们不知道怎样拒绝别人——而正因为这样，他们吃亏不少。

在理想中，人际关系都应该以彼此间的真诚、尊重、顺畅沟通和关怀体谅为基础。可惜的是，实际情形并非如此。有些人常常对别人步步紧逼，不断地提出要求、需求试探，直到对方拒绝为止。而许多人，尽管自己有足够的权利和理由，却总还找出种种理由来解释他们为何退让。

如果你也像艾媚、玛丽或安德莉亚一样，那么，你就必须学会正确的沟通方式来表明你的感受和希望，以获得别人的尊重。

（1）改变不适当的沟通方式

①不要给别人一个现成的托词

例如："近来你天天迟到，不过，我知道你不是一个早起的人，要那么早就开始工作是很难的。"如果你给了对方一个借口，他便会认为你可以容忍他的所作所为，从此他就会继续迟到。同时他还认为你是个软弱无能、不愿贯彻意志的人。

②提出合理要求时不要表示歉意

例如：妈妈厉声叫儿子打扫他的房间，但三个钟头后却对儿子说："孩子，我刚才不应该粗声对你说话。你知道吗，我不是生气，因为，我知道你一定会自觉清理你的房间的。"事后表示的歉意，通常是心有内疚或忧虑的结果，用这样的方式来取消之前所表达的意志，会使你丧失你所坚持的东西。

③不要过分宽限你分派的任务

例如："我真的要在星期五看到那份报告，不过我可以等到下星期。假如事情顺利的话，也许再迟一点也无妨。"去掉那些"假如"和"不过"之类的字眼吧。

一项能清楚说明你希望报告完成时限的声明，既能防止误解，又可以确保下属按时完成工作。

④不要把你的责任推给别人

例如："老板说你应该……"或是"你爸爸说你必须……"之类的说法，虽然可使说话的人不用承担责任，但却使之变成了一个毫无实权的传话者。

（2）采用更为有力的办法

①要直截了当

把你的期望说清楚。消极的人常常以为不用吩咐，别人也会知道该怎么做。这往往会引发许多不必要的问题。

②要考虑透彻

说明问题之前，脑子里先要有个概念。事先把事情想通想透，你才能陈述得合情合理。

③碰到问题立刻解决

躲避问题只能使问题更趋严重和更难解决。如果你对小的问题及早处理，开始就说明了你的期望，别人也就能确实知道你的要求。

④小心选择要对付的问题

新近才学习维护自己权利的人常会做得过火，在同一时间对付太多问题，往往弄得自己焦头烂额。如果能适当选择问题，你便能控制局面，争取较大的成功机会。

⑤表现自己时不可愤怒

如果你在怒不可遏或无法平心静气的时候表达自己，你对别人的话便可能反应过于激动,况且，当你大发脾气的时候，别人很可能会为自己辩护,这样，真正的问题通常便解决不了。同样的道理，如果别人听了你的话之后产生了过激的反应，问题不但解决不了，更添许多矛盾。因此，你的毫不动气，可以在相形之下显出对方态度的不成熟，而且，你的镇定通常还能使对方冷静下来。

⑥利用你的地盘

水土不服的球队往往难以在比赛中占优势。维护自己的权利也是一样。在对方的地盘上与之谈判，往往会处于下风。因此，在可能的情况下，最好在你自己的"领地"谈判，这样你便可以占据微小的优势。

⑦利用非语言的暗示

说话时眼神要与对方保持接触。不要反复说明你的理由，要用停顿来加强效果。用适当而非挑衅的手势来强调你的论点。

⑧不要虚张声势

你在虚张声势的时候，容易暴露自己的弱点，因此，要建立你的威信，就应该说明你的合理期望，以及说明如果这些期望不能达到时会产生什么后果，然后贯彻到底。要赢得别人对你的尊重，只有让他们确实知道你言出必行。

7. 在谈话时，尽量避免被人误解

如果自己说的话让别人误解简直是天大的冤枉。因为你心里没有这么想，被人误解，意味着沟通的失败或受挫，一次两次还可以，如果经常被人误解，那你就得冷静下来想想办法了。

（1）找出被误解的原因

社会是由形形色色的人聚集形成的，每个人的立场不同，工作性质也不一样。在这众人聚集的社会，总会发生一些意想不到的误解，甚至是摸不着头绪的纠纷。

工作中，当遭人误解时，工作进行就会困难重重，不但自己有损失，还会影响到团体的利益。

所以，你必须具备一套化解误会的说话术。这里首先谈谈造成误解的几种原因。

①言词不足

有的人不管是在表达信息，或者说明某些事情时，常常在言词上有所缺失，结果只有自己明白，别人却搞不清真相，这种人就是言词不足，容易招来对方的误解。

②过分小心

有的人不管什么事，都顾虑重重，从不发表意见。因此，个人的存在感相当薄弱，变成容易受人误会的对象。

这样的人总寄望于对方通过只言片语就能明白事情原委，缺乏积极表达自己意见的魄力。对于这种类型的人而言，含蓄并不是美德。

③自以为是

另一种人头脑聪明，任何事都能办得妥当，但是却经常自以为是、我行我素。这类人即使着手一件新工作，也从不和别人照会一声，只管自作主张地干活。这么一来，即使他们能把工作圆满地完成，上级及周遭的人也不会表示欢迎。

④形象不好

人对视觉上的感受印象最深刻。虽然大家都明白"不可以貌取人"，但是，实际上双眼所见的形象，往往成为评判个人好坏的标准之一。如果让周遭的人有了不好的印象，且形成误解，若不早点解决，恐怕造成不可逆转的损失。

⑤欠缺体贴

纵然只是一句玩笑话，但若造成对方的不快，恐怕也会形成意想不到的误解。甚至是几句安慰、犒劳的话，如果对方理解的方式不同，也可能变成误解。因此，在说话之前，一定要先考虑对方的状况以及接受的程度。

（2）坦然面对遭人误解和怀疑的情况

怀疑，即疑惑或猜测。一个普普通通的词语，虽非令人望而生畏，却也常常搅得你心神不安。被人怀疑是一件很痛苦的事。谁都曾经怀疑过别人，也被人产生过怀疑，唯有具备机智应对误解与怀疑的人，才能得当处理事情。

人与人之间之所以会产生怀疑，原因是多方面的。有的由于一时的误解，缺乏沟通与解释，进而形成了对某件事情的疑点；有的由于性格脾气的差异，缺乏相互间的包容与补充，逐渐引发了对对方的不信任情绪；有的由于嫉妒心的萌生，由此疏远了朋友甚至产生了恶意；有的由于心胸狭小、疑神疑鬼、患得患失，对人对事产生了怀疑；有的由于心理变态，又未及时诊断与治疗，对反感的人和事，产生了疑虑；有的由于自命清高、唯我独尊、缺乏自知之明，对周围的人和事总觉得无法理解……诚然，怀疑也有其另一面，并非都是贬义。

如果说在社会生活中人与人之间产生怀疑是一件无法避免的事情，那么，面对客观存在着的这一问题，既不应当回避它、惧怕它，也不应当视而不见、充耳不闻。正确的态度是要承认它、认识它、科学地对待它。

①"不做亏心事，不怕鬼叫门。"

去掉自己的一份疑心，被人怀疑的事情也许就会减少一些。

②要尽量避免他人对你产生疑心

面对他人的怀疑，你既应当有随时接受怀疑的心理准备，又要有防患于未然的准备；即尽量减少被人怀疑的机会。主动说明情况，最好能用事实回答。

③用真诚去换取信任，切不要犯"以毒攻毒"的错误

人与人相处，真诚最可贵。有了真诚就能赢得信任。如果对别人的怀疑也采取怀疑的态度，以疑对疑，则雪上加霜，怀疑非但不能消除，还会产生新的不信任情绪。

（3）说话时尽量避免被别人误解

在日常交往中，经常有自己说的话被别人误解的时候。那么怎样才能使自己的话不被别人误解呢？

①不要随意省略主语

从现代语法看，在一些特殊的语境中，是可以省略主语的，但这必须是在交谈双方都明白的基础上，否则随意省略主语，容易造成误解。

一家商店里，一个男青年正在急急忙忙挑帽子，售货员拿了一顶给他。他试了试说："大，大。"

售货员一连给他换了四、五种型号的帽子，他都嚷着："大，大。"

售货员仔细一看，生气了："分明是小，你为什么还说大？"

这青年结结巴巴地说："头，头，我说的是头大。"

售货员狠狠地瞪了他一眼，旁边的顾客"扑哧"一声笑了。

造成这种狼狈结局的原因就是这位男青年省略了他陈述的主语："头。"

②要注意同音词的使用

同音词就是语音相同而意义不同的词。在口语表达中脱离了字形，同音词用得不当，就很容易产生误解。如"期终考试"就容易误以为"期中考试"，所以在这时不如把"期终"改为"期末"，就不会造成误解。

③少用文言文和方言

在与人交谈中，除非有特殊需要，一般不要用文言文，文言文的过多使用，容易造成对方的误解，不利于感情的交流和思想的表达。

④说话时要注意适当地停顿

书面语借助标点把句子断开，以便使内容更加具体、准确。在口语中我们常常借助的是停顿，有效地运用停顿可以使你的话明白、动听，减少误解。有些人说起话来像开机关枪，特别是在激动的时候几乎没有停顿。

有一次下班途中，一位青年遇到一群刚看完电视球赛的学生，就问："这场比赛谁赢了？"

一个学生兴奋地说："中国队打败日本队获得冠军。"

这位青年迷惑了：到底是中国队打败了日本队，还是日本队获得了冠军呢？他又问了另一位学生，才知道是中国队胜了。所以，我们在与人交谈时，一定要注意语句的停顿，使人明白、轻松地听你谈话。

（4）积极辩护

被上级批评或指责，虽然应该诚恳、虚心地听取，但并非意味着不管他说得对不对，你都要忍气吞声，都要一股脑接受，必要时应该勇于辩护，积极辩护。

春秋时期，晋国厨官让人献上烤肉，肉上却缠着头发。晋文公叫来厨官，大声责骂他说："你存心想让我噎死吗？为什么用头发缠着烤肉？"

厨官叩着响头，拜了两拜，佯装认罪，说："小臣有死罪三条。我找来细磨刀石磨刀，刀磨得像宝刀干将那样锋利，切向肉就断了，可是粘在肉上的头发却没切断，这是小臣的一条罪状；拿木棍穿上肉块却没有发现头发，这是小臣的第二条罪状；炽热的炉子里，炭火烧得通红，烤肉烘熟了，可是头发竟没烧焦，这是小臣的第三条罪状。君王的厅堂里莫非有怀恨小臣的侍臣吗？"

晋文公说："你讲的有道理。"就叫来厅堂外的侍臣责问，果然有人想诬陷厨官，文公就将此人杀了。

这明显是个冤案，如果正面辩解，有可能火上浇油，激怒晋文公，因此，厨官采取正意反说的方式为自己辩解。他佯装认罪的态度供认了三条罪状，其实是为了澄清事实。切肉的刀如此锋利，肉切碎了而头发居然还绕在上面；肉放在火上烤，肉烤焦了而毛发犹存……这明显不合乎事理。至此，厨官已证明自己无罪，因此进而提醒晋文公，是否有人陷害己自，也使真相大白。厨官的辩解顺其意，却能揭其诬，可谓灵活机巧。这种做法也是非常必要和适当的。

有些人面临麻烦的事常用辩护来逃避责任，这就走到另一个极端了。这种推卸责任的辩护，偶尔为之，无伤大雅，尚可原谅，倘若一犯再犯，肯定会失去别人对你的信任。

有时候，做错了事责任不在下级，而是因上级指示错误，这时应大胆辩解。不辩解，只能使上级对你的印象更加恶化，而丝毫不会考虑到也有自己的责任。

所以，工作中，同事之间，尤其是下级与上级之间发生意见相左的情况时，应积极地说明理由，沉默不语只能使问题更加复杂而难以化解。

8. 尊重他人，消除沟通中的障碍

由于每个人的性格不同，沟通中难免会有障碍，消除这些障碍的办法也很简单，首先要尊重对方，其次要有耐心，最后也是最重要的就是语言上多注意一些技巧。

（1）不要把别人当"机器人"

不要以为他人是机器人，可以由你想怎样操纵就怎样操纵。只有学会尊重他人，从他人的角度理解问题，才会有真正意义上的沟通。

沟通是彼此的事，一个巴掌拍不响。当你运用技巧时，别人也会运用技巧。当然，沟通是有目标的，通过沟通尽可能达到对自己有利的目的。但这多少有些一厢情愿，因为别人也能运用技巧，彼此力量的消长有一个中点，那是双方可以接受的结果。以沟通的方式达到这个目的，虽然这个结果跟你所希望的结果有些差距，但也应该坦然接受。

（2）尽量多采用含蓄的暗示方法

既然他人不是机器人，他人理所当然应该受到你的尊重。而尊重他人的妙招暗示为其一，暗示就是为了保全他人自尊时采取一种比较含蓄的，不直接指责、指使他人的办法。也就是间接地请他人做你希望他人做的事。

暗示可以成为他人行动的动力，他们在接受暗示时，已经感受到了尊重的意味，就会主动帮你达到你希望的结果。暗示可以让人心甘情愿地和你沟通。

（3）运用漂亮的语法

世上每一种语言都有其特殊的美，沟通也是一种语言交流，漂亮语法的运用就很合适。

当然，漂亮语法绝不是指滥用形容词之类的肤浅玩意儿。它将各种词语巧妙地组合运用，不仅仅限于形容词。

"然后……""这时……"等语法可以使句式流畅，对方就容易顺应你的思路，使沟通趋向圆融。使用"因为……""所以……"等语法，则使句式更具逻辑性。谁愿意跟不讲理的家伙打交道呢。

语法是有玄机的，成功地运用适当的语法，以尊重对方的态度，说出自己的要求，可以使对方更容易接受你的观点和建议，达成合作共识。

（4）嵌入自己的观点

在沟通时，接纳并尊重对方的观点，是一个能使他人也接纳自己观点的好办法。生活中，人的观点多种多样、纷繁复杂，这些观点有容易理解的，也有摸不着头脑令人难以接受的。每个人都不愿放弃自己的观点，在沟通中容易引起冲突，所以，沟通时不要破坏对方的观点，只能悄无声息地嵌入自己的观点，让它靠拢自己的人生观。记住，嵌入，不是改变。

嵌入自己的观点，可以在轻松的氛围下进行，让别人感觉不到严肃的气氛和压力。

（5）运用动作进行暗示

我们的身体是有语言的，我们的动作往往可以暴露我们的内心世界。同样地，他人的动作也会泄密。所以，沟通中的人对他人的动作是很敏感的，你可以利用它。

如果与人交谈时，你侧头深思，你的肢体语言告诉对方，这个问题你有疑问，这比直接打断对方更有效，对方一定会问："有什么不懂吗？"这样由对方自己中断对话，可以有效地保证其自尊心不受伤害。

如果想中断谈话，急于离开去做别的，你可以不停地偷看手表。对方会问："有事吗？你可以先走。"你就可以很有礼貌地全身而退。

肢体语言的运用，很讲究空间。在宽敞的房间里交谈，更易做到公平。但要达到亲密关系的程度，还是狭窄房间为好。谈话时中间不隔着桌子能使关系更融洽。距离上的靠近也会造成精神的靠近。

（6）乔装弱者

世上总有很多人喜欢表现自己的力量和能耐，在他们眼中，他人总不如自己。这种人很可能令你讨厌，但你可以利用他们喜欢表现的心理，给他们表现的机会嘛。

最简单的办法就是，在他们面前故意表现得笨手笨脚，他们会对你嗤之以鼻，并自己动手做起来。

最聪明的办法是虚心求教，他们说不定会一边做一边教你怎样做呢。

（7）注意谈话时的礼节

适当的礼节，不仅对人与人之间的交往十分重要，而且在谈话中，它也起着不可忽视的作用。一个有经验的谈话者总是保持着恰如其分的礼节。

①说话的表情要自然，语气和气亲切，表达得体。说话时可适当做些手势，但动作不要过大，更不要手舞足蹈，不要用手指指人。与人谈话时，不宜与对方离得太远，但也不要离得太近，

不要拉拉扯扯、拍拍打打。说话时不要唾沫四溅。

②参与别人的谈话要先打招呼，不要凑前旁听。若有事想与某人说话，应表示欢迎，对话中遇到自己有急事需要处理或要离开，应向对方打招呼，表示歉意。

③谈话现场超过三人时，应照顾到在场的每个人，不要只与一两个人说话而不理会其他人，也不要只谈两个人知道的事情而冷落第三者。如所谈问题不便让旁人知道，则应另找场合。

④在交际场合，讲话要留时间给别人发表意见的机会，也应适时发表个人看法，要善于聆听对方谈话，不轻易打断别人的发言。一般不提与谈话内容无关的问题。如对方谈到一些不便谈论的问题，不对此轻易表态，可转移话题。在交谈时，目光应注视对方，以示专注，对方发言时，不要左顾右盼，心不在焉，或者注视别处，显出不耐烦的样子，也不要老看手表或做出伸懒腰、玩东西等漫不经心的动作。

⑤注意谈话内容。尽量不要涉及疾病、死亡等话题，不谈一些荒诞离奇、耸人听闻或者黄色淫秽的事情。一般不要询问妇女的年龄、婚姻状况，不要说妇女长得胖、身体壮。不要径直询问对方履历、工资收入、家庭财产，对方不愿回答的问题不要追问，也不要究根问底。对方反感的问题应表示歉意，或立即转移话题。

⑥男子一般不要打扰或参与女性圈内的话题，也不要与女性无休止地攀谈而引起旁人的反感侧目。与女性谈话要谦让、谨

慎，不与之开有伤大雅的玩笑，争论问题要有节制。

⑦谈话中要使用礼貌用语，如你好、请、谢谢、对不起、再见等。在社交场合中谈话，一般不过多纠缠，不高声辩论，更不能恶语伤人、出言不逊。即使争吵起来，也不要斥责，不讥讽辱骂。

9. 结束谈话时，给人留下深刻的印象

谈话应该自始至终都坚持热烈友好的气氛，有些人顾头不顾尾，这样会给对方留下坏印象，影响第二次沟通。相反，礼貌地结束谈话，对方给你打的印象分会很高。

面对面谈话的过程中，如果达到了谈话的目的，那么就该及时结束谈话了。

当然，如果你只想向对方陈述某一件事，而且不需要对方做出什么反应或采取什么行动，那么你向对方讲清事情的原委后，就可以结束谈话，如果你期望说服对方改变对方的某种看法或行为，期望对方承认你的劝说"明智"，那么，对话就要持续到对方承认问题为止；有时，对方需要时间来思考你的话，那么你在结束谈话时，就需要根据情况，总结谈话双方所述观点，强调一下共同的观点和看法，是很有必要的，总结一定要保持客观，不

带偏见，以对方能接受的方式，换言之，以尽可能有利对方的方式描述。如：

"感谢你同我讲的几个问题。"

"花费了你不少时间。"

"总的来说，你的那个想法有许多合理之处。"

"你的话对我有不少启发，感谢你……。"最后结束谈话时，你还可以向对方提出一些积极的建议。如："我知道你会尽可能使事情成功的。"

有些情况下，如对方需要时间思考你的话，需要过一段时间再与你谈这件事，你则需要讲一些"活话"，使有关这个问题的讨论以后还能继续进行。如："如果你愿意，我们可以再约个时间进一步讨论这个问题。"

谈话的结束，不是只道一声"再见"就完事了，临别前要给人留下良好的印象，要得体而不失礼，有时还要给下一次交谈留下伏笔。

如果遇到争论不休、观点无法一致的情况时，我们可以转移话题，把有分歧的话题暂放一放。如，"咱们找机会再谈。"

与他人交谈时，随便中断对方的谈话是不礼貌的，但对于冗长的谈话，则可以依据自己和对方的关系及谈话的内容、时间、周围环境等来判断是否应该让对方继续谈论下去。若不得不中断对方谈话，也要考虑在哪一个段落中断为好，同时也应照顾到对方，避免给对方留下不愉快的印象。

以下为几种中止对方讲话的方式。

（1）直接以"好了，到此为止"这句话中断对方的谈话，但是，这句话仅限用于对方的态度很强硬时。

（2）对方讲话告一段落时，自己立即接谈自己的看法。

（3）以"现在没有时间了""我还有其他的工作"等理由来中断对方的谈话。

（4）以频频看表、打哈欠、伸懒腰，以及摆出一副表示自己已不感兴趣的神情来迫使对方中止谈话。

（5）预先向对方打个招呼。如一见面即向对方表明态度，"请你长话短说吧，我没有多少时间。"甚至也可以向对方表明自己"有急事"而中断对方的谈话。

第五章
言为心声，沟通从“心”开始

　　一句良言能使人感到春风拂面、晴空万里；一声恶语令人觉得阴云密布、大雨滂沱。说话是一个互动过程，心理的因素至关重要。没有深入的观察与分析，没有顾及环境和对方的感受，不可能把话说得好，说得让人舒服。只有掌握了言语心理学才能舌战群儒、如鱼得水、一帆风顺，否则，言不达意、屡屡碰壁将一事无成。

1. 溜须找须，拍到点上

爱美之心人皆有之，每个人都具有不同的个性，也都具有不同的优缺点，赞美他人的优点，是协调人际关系的有效手段之一。当然，赞美别人要真心，要恰如其分，不要言过其实，说得天花乱坠，过了头的赞美就不是赞美，而是"拍马屁"了。因人、因时、因地、因场合适当地赞美他人，是对他人的鼓励和鞭策。年轻人爱听风华正茂、有风度等赞语；中年人爱听幽默风趣、成熟稳健等赞语；老年人爱听经验丰富、老当益壮、德高望重等赞语；女同志爱听年轻漂亮、衣服合体、身材好等赞语；少儿爱听活泼可爱、聪明伶俐等赞语；病人爱听病情见好、精神不错等赞语。

自古以来，爱溜须拍马的人很多，但效果大不一样，关键就在于能不能"溜"到位、"拍"到点。

比如，有的人非常高傲，你稍有赞许他便以为你是别有企图，对你非常戒备。其实对于这种人，只要找准了"点"，照样可以"拍"。

有这样一个笑话：有两人即将到外地上任做官，临行时特地去拜访恩师，老师问："你们准备怎样做个好官？"其中一个学生答："我们准备了100顶高帽子，谁喜欢就让谁戴一顶。"老师听了很不高兴，把脸一沉说："为官要清正廉明，你们这样怎能做好官呢？"另一个学生急忙附和说：
"老师说得有理，但当今世道，像老师您这样不喜欢戴高帽
的又有几个呢？唯您一人。"老师听了很高兴，不再说什么
了。这两个学生出门后，其中一个便对另一个说："哎，想
不到没出京城就剩99顶了。"

这个笑话说明有些人表面上不喜欢奉承，但实际上还是喜欢
的，只不过看方式对不对。

马超投降刘备后，被封为平西大将军，关羽心中大为不
悦，要与马超比试武艺，看到底谁高谁低，要摆平像关羽这
样气焰嚣张的人，既不能威权相向，也不能软语相求，诸葛
亮是深识此人的，只用了三言两语，就把关羽服服帖帖的抚
顺了。

他让关平带回去一封他亲手写的书信。说马超文武全
备、气概过人，堪称一世豪杰，是英布、彭越一流的人物，
可和张翼德相比，却比不上关羽的超越绝伦。诸葛亮真不愧
是谋士，把话说得天衣无缝，真可谓语言大师。前面是称赞
马超英勇，话锋一转，更显出了关羽本领的超强。

关羽被诸葛亮的马屁拍得有点晕了，他高兴得把书信
传给众人观看，于是，一场潜在的内部危机就这样轻松化
解了。

刘备在汉中称王后，封"五虎上将"，关羽一听黄忠
名列其中，就十分气恼地说："翼德吾弟也；孟起（马超）
世代名家（此时对马超没意见了）；子龙久随吾兄，即吾弟

也，位与吾相并，可也。黄忠何等人，敢与吾同列？大丈夫终不与老兵为伍！"

这次前来发委任状的是费诗，诸葛亮选他来，自知此人嘴上功夫与自己是相差无几。费诗说："建立功业的人，用人不拘一格。从前，萧何、曹参最早追随刘邦，韩信是后来才投靠的，论功行赏时，韩信封王，萧、曹也没什么怨言。黄忠擒杀夏侯渊有功，汉中王优待他，然而在汉中王心中，论情意轻重，黄忠和您能比吗？"

费诗一边拍马屁，一边又晓以大义，让关羽以大局为重，说得关羽乖乖地接受了任命。

一场即将燃起的战火就这样被费诗的妙语平息了。

心理学家杰斯莱尔说："赞扬就像温暖人们心灵的阳光，我们的成长离不开它。"在生活和工作中我们有时会遇到同样的事情，那我们就要学会运用诸葛亮的马屁大法，在不伤和气的同时使他接受自己。同样，我们在要求别人认同自己观点时，争辩、威慑力或逻辑并不一定可以收到效果。

有一位工程师史先生，他想要降低房租，可他知道他的房东是相当顽固的，他说："我写信给房东，告知他在租约期满后，准备迁出，实际上我并不想迁居，只希望能减低租金，但依情势来看，不会有太大希望，因为许多房客都失败了，那房东是难以应付的，不过我正在学习如何待人的技术，因此我决定试验一下。"房东收到我的信后，不出几天就来看我，我在门口很客气地迎接他，充满了和善和热诚，我没有开口就提及房租太高，我开始谈论我是如何的喜欢他这房子，我做的是"诚于嘉许宽于称道"。我恭维他管理房舍的方法，并告诉他很愿意继续住下去，但是限于经济能力负担不起高昂的租金。

显然，他从未接受过房客如此的肯定和款待，他几乎不知如何是好，于是他开始向我吐露，他也有他的困难，有一位抱怨的房客，曾写过十多封信给他，简直是在侮辱他，更有人曾要求，假如房东不能增加某些设备，他就要取消租约。

"临走时他告诉我：'你是一个爽快的人，我乐于有你这样一位房客。'没有经过我的请求，他便自动减低了一点租金，我希望再减一点，于是我提出了我的数目，于是他便毫无难色地答应了。当他离开时，还问我：'有什么需要替你装修的吗？'"

"假如我用了别的房客的方法去要求减低租金，一定会遭遇同样的失败，可是我用了友善、同情、欣赏、赞美的方法，使我获得了胜利。"

"溜须找须，拍到点上"有时很难，可是有时也很容易，甚至是现成摆在眼前的。有时话不在多，而在于精。对人要有关怀之情，真正的关怀不需要很多，一个无言的动作、一个心领神会的表情、一句刻骨铭心的话就能使人感动。对窘迫的人说一句解围的话，对颓丧的人说一句鼓励的话，对迷途的人说一句提醒的话，对自卑的人说一句振作的话，对痛苦的人说一句安慰的话，对受了挫折的人讲一句重新坚强起来的话，对头脑发热的人讲一句降温的话，对高傲的人讲一句"满招损，谦受益"的话，对私欲之心重、容易受诱惑的人讲一句洁身自好的话，对容貌长相一般的人讲一句良好的个性和气质远比漂亮的外表更可贵的话。

2. 该道歉时要道歉

在与人交往时，难免说错话、做错事。人非圣贤，孰能无过？如果我们能及时说声"对不起"，真诚地向对方道歉，往往能把大事化小小事化了。在求得对方原谅的同时，还达到了沟通的效果。

日常生活中，需要道歉的事情很多，大到不小心损坏别人家的重要物品，出言不逊伤了别人的自尊心，或者一时激动打伤了别人；小到打断了别人的谈话，干扰了别人的工作，约会迟到，公共汽车上踩了人家的脚等，这都是难免的。问题就在于有没有勇气，有没有诚心向对方道歉。真正的道歉不只是认错，而是承认自己的言行给对方带来了伤害和损失，希望弥补这种过失，希望能与对方言归于好。

小张在广州工作。一天，老总要他将某项目可行性研究报告提交给上海的同事小李，小张并不认识小李，报告发过去后，小李通过网络向小张问了很多业内人士觉得很可笑的初级问题。当时小张就回话："你还没有入门吧？"这句话引发了两人之间的言语纷争。小张看小李不懂装懂还极力狡辩，便毫不客气、极尽挖苦，小李气得用英语唾骂小张，结果自然是不欢而散。小张后来生病休养了一段时间，上班后老总提起此事，说小李投诉到上海集团公司执行总裁，总裁在小张的老总面前，对小张表示了自己的不满。于是老总吩咐小张在抓好业务的同时，要及时向小李道歉。老总言辞缓和，显露爱才之心，说小李是上海集团公司的一名经理，刚留学归来，被小张这样的小字辈耻笑肯定心中难以平衡，希望小张能理解。小张为有辱老总脸面备感歉意，虽然觉得自己吃亏，还是主动发了一封道歉信给小李。

为避免伤害别人的感情，消除恶感，最聪明的办法就是谦逊一点。自己有过失的时候立刻道歉，别人一般都能理解和接受，这就是道歉的神效。倘若我们大家能运用道歉的神效，我们的生活将会减少很多不愉快。

人孰能无过，我们都需要学会道歉的艺术，扪心自问，看看你是否常常毫不留情地妄下断言，说出伤人的话，牺牲了朋友，自己从中得利。再想想看，有哪几次你诚心地坦然表示歉意。有点惶恐是不是？惶恐的原因在于我们深知即使稍有过失也难免怅然若失，除非知道道歉，否则总是内疚于心。

有些人认为道歉是向别人低头，失去了个人尊严。一味坚持自己的错误，不肯道歉，又何谈尊严呢？

不负责的人不会赢得他人的信赖，不敢道歉意味着不敢对自己的行为负责。

　　一次语文单元测验，老师误将一位学生答对的题扣了分。卷子发下来，这位学生举起手："老师，您错了，应该向我道歉。品德课上老师就是这么说的。"顿时，教室里一片寂静，老师也愣住了。片刻，这位老师笑着说："是我疏忽了，对不起！"

　　事后有人问这位老师："你当时不觉得窘迫吗？"他却说："像这样有道德勇气的学生，很少见，我喜欢。"

　　尽管道歉是生活中一个再平常不过的细节，但在我们所见所闻中，作为老师，在学生面前承认自己的错误并诚恳道歉不容易。因为，道歉对于老师来说，同样承担着"诚信"一落千丈，学生效仿"找茬儿"的风险。但是，那位老师用勇气呵护了幼小学生心田里刚刚萌芽的道德光芒。

　　向别人道歉时，除了要有诚意外，还需讲究一定的技巧和方法，避免不必要的争吵和冲突。那么，怎样向人道歉才能达到预期的目的呢？

　　（1）立即道歉

　　因为时间拖得越久就越难以启齿，有时甚至追悔莫及。所以，在发现自己的过错时，立即向对方说声"对不起"，这才是道歉的最好时机。

　　（2）采用多种方式表达你的悔意

　　如果你觉得道歉的话语一时说不出口，那么不妨想点其他办法，让对方知道你有悔过的诚意。比如托人送件小礼物，间接帮助对方解决某些困难，或者写封信、打个电话等。

（3）道歉时，语气要诚恳，态度要自然

有些人知道自己的过错，也有心向别人道歉，但说话语气在别人听来显得不诚恳，态度傲慢。诸如冲着别人说："对不起，噢！""我说对不起你还不行吗？"这样的道歉不仅不能让对方接受，相反，还会引起对方的反感。因此说"对不起"时，要面带微笑，语气低缓，使人感觉到你是在真心悔过。有时在"对不起""抱歉"前面再加上"很""非常""实在""太"等表示加强语气的词语，则更能体现你的诚心。

（4）主动承担责任

在道歉时，要主动承担错误的责任，说明引起错误的原因，但决不能找借口，或者把责任推卸给对方，即使自己只有部分责任，也要主动承担。主动为自己的行为承担责任，反而会鼓励对方也承担属于他（她）自己的那部分责任。

3. 话说得好不如说得巧

我们天天都在说话，但是，有的人说起话来娓娓动听，使人听了全身的筋骨都感觉到舒服；有的人说起话来锋芒锐利，像一柄利刃，令人感觉十分恐惧；有的人说起话来大言不惭、出言不逊，一开口就使人感觉讨厌。

说话不是一件容易的事。我们天天都在说话，但并不见得个个都会说话。话说得好，小则让气氛欢乐，大则可以兴国；话说得不好，小则容易招怨，大则引来祸端。

李莲英，清朝的大太监。他为人机灵、嘴巧，无论在什么样的场合，面对什么样的人物，他都能应付自如。因此，他深得"老佛爷"慈禧的喜爱。同时，李莲英也常常帮慈禧打圆场，摆脱困境。

慈禧爱看京戏，所以不断有戏班子进宫专门给老佛爷演出。慈禧喜怒无常，这些戏子们都提心吊胆。演得好了，老佛爷开心了，便赏赐他们一些小玩意，以示皇恩浩荡；演得不合她的胃口，他们时刻都有掉脑袋的危险。

一次，著名的京戏演员杨小楼率领他的戏班进宫给慈禧太后演出。这天，慈禧心情格外舒畅，看完戏后，把杨小楼召到跟前，指着满桌子的糕点说："这些都赏赐给你，带回去吧！"哪有赏赐糕点的，何况慈禧这人极为奢侈浪费，她一顿饭能吃200多道菜，可想而知那些糕点也绝不会少，杨小楼心想：这么多糕点，我怎么带回去呀？

于是，便赶快叩头谢恩道："叩谢老佛爷，只是这些尊贵之物，奴才不敢领，请……另外恩赐……"

这话把周围的宫女、太监们都吓晕了，按慈禧的脾气，赏赐你的东西你不要，还敢要求另外赏赐，这不是自己找死吗？出乎意料，这天太阳从"西边"出来了，慈禧心情超好，并没有发脾气，只是问了一句："那你要什么？"

杨小楼又叩头接着道："老佛爷洪福齐天，不知可否赐个字给奴才？"

慈禧听了，一时高兴，也想给大家露一手，便让太监笔墨纸砚伺候。只见她大笔一挥，一个硕大的福字就写成了。

让人万万没想到的是，慈禧的这一手却露砸了。她把福字多写了一点。慈禧身旁的一位宫女眼尖嘴快，马上告诉了慈禧："老佛爷，福字是'示'字旁，不是'衣'字旁呀！"

杨小楼一看，确实是错了。这可怎么办？若是拿回去遭人议论，一旦传到慈禧耳中，不知又有多少人要蒙受不白之冤。不拿吧，慈禧动怒，自己不会有好下场。要也不是，不要也不是，他一时急得直冒冷汗。

现场气氛一下子变得紧张起来。慈禧也觉得为难，确实是自己写错了，不想让杨小楼拿出去丢人现眼，但自己也无法开口要回来重新写。

站在旁边的李莲英这时候眼珠子一转，不慌不忙地走向前，笑呵呵地说："老佛爷洪福齐天，她老人家的'福'自然要比世人的多一'点'了。要不怎么显示出她老人家的高贵呢？"杨小楼一听马上会意，连忙叩首道："老佛爷这万人之上之福，小人怎敢领呢！"

慈禧正愁没法下台，听这么一说，也就顺水推舟，笑道："好吧，那就隔天再赐你吧！"就这样，李莲英的一句话化解了慈禧的窘境。这样会说话的奴才岂能不讨主人喜欢？

美国人在第二次世界大战时期，把"舌头"、原子弹和金钱称为获胜的三大战略武器，进入21世纪又把"舌头"、金钱和电脑视为经济发展和社会进步的三大战略武器。这个比喻虽然有些牵强，但也不无道理。在这两个比喻中，"舌头"（即口才）能独冠于三大战略武器之首，可见口才的价值非同小可。因此我们应清醒地认识到说话的重要性，进而更好地掌握说话这个随身携带、行之有效、战无不胜、攻无不克的神奇武器。

在一次联合国的会议上，菲律宾前外长罗慕洛与苏联代表团团长维辛斯基发生了一场激烈辩论。罗慕洛批评维辛斯基提出的建议是在开玩笑，维辛斯基立即采取了十分无礼之举。维辛斯基说："你不过是个小国家的小人罢了。"

罗慕洛听后便站了起来，告诉联合国大会的代表说维辛斯基的形容是正确的，但他又接着说了下面一句话："此时此地，将真理之石向狂妄的巨人眉心掷去——使他们的行为有些检点，这是矮子的责任。"

罗慕洛的话博得了代表们的热烈掌声，而维辛斯基只好干瞪眼，什么话也说不出来。

罗慕洛就是通过这句巧妙的言辞为自己和自己的国家争回了面子。

美国著名教育专家卡耐基，非常推崇说话的重要性，他说："假如你的口才好……可以使人家喜欢你，可以结交好的朋友，可以开启美好的前程，使你获得满意的结果。譬如你是一个律师，你的口才会吸引需要诉讼的当事人；你是一个店主，你的口才帮助你吸引顾客……有许多人，因为他们善于辞令，因此而晋升了职位……有许多人因此而获得荣誉、获得了厚利。你不要以为这是小节，你的一生，有一大半的影响，是受之于说话艺术。"

有一顽童，大年三十那天，一大早便出门找伙伴玩耍去了。玩了一段时间后，发现自己头上一顶崭新的帽子不知何时丢了。于是心惊胆战地跑回家去，对他妈妈"汇报"了一下大体情况。要是在平时发生这种事情的话，妈妈一定会大声斥责他。可是大年三十一般不能骂孩子，尽管心里很火，也硬忍着没有爆发。这时来他家串门的邻居王叔听了后，笑着说："狗娃子的帽子丢了，这没关系，这不是正好意味着'出头'了吗？今年你一定走好运，有好日子过了。"一句话，说得孩子的妈妈转怒为喜，并附和着说："对！对！狗娃从此出头了。"于是大家一阵哈哈大笑。从此王叔的形象一下子在人们心目中提高了许多。

巧说话是一个人智慧的反映，是影响一个人事业成功、人际和睦、生活幸福的重要因素，是一种可随身携带永不过时的基本能力。所以人不能仅仅满足于用口说话，而要善于说话。会说话实在是我们一生的资本。

4. 巧妙迎合，见什么人说什么话

古人云："言为心声。"话说得好或坏，主要取决于说话者的思想水平、文化修养、道德情操，但讲究语言艺术也同样十分重要。同样一种意思，从不同人嘴里说出来，效果可能就会不同。

公元前266年，赵惠文王死了，太子继位，因其年幼，由母亲赵太后掌权。秦国乘机攻赵，赵国向齐国求援。齐国说，一定要让长安君到齐国做人质，齐国才能发兵。长安君是赵太后宠爱的小儿子，太后不让去，大臣们劝谏，赵太后生气了，说："谁敢再劝我让长安君去齐国，老妇我就要往他脸上吐唾沫！"左师触龙偏在这时候求见赵太后，赵太后怒气冲冲地等着他。

触龙步伐缓慢地来到太后面前，说："臣最近腿脚有毛病，只能慢慢地走路，因此很长时间没有来见太后，但我常挂念着您的身体，今天特意来看看您。"太后说："我也是靠着车子代步的。"触龙说："每天饮食大概没有减少吧？"太后说："用些粥罢了。"这样拉着家常，太后脸色缓和了许多。

触龙说："我的儿子年小才疏，我年老了，很疼爱他，希望能让他当个王宫的卫士。我冒死禀告太后。"太后说："可以，多大了？"触龙说："15岁，希望在我死之前把他托付给您。"太后问："男人也疼爱自己的小儿子吗？"触龙说："比女人还疼孩子。"太后笑着说："女人才是最疼孩子的。"

这时，触龙慢慢把话题转向长安君，对太后说，父母疼爱儿子就要替他长远打算，如果您真正疼爱长安君，就应让他为国建立功勋，否则一旦"山陵崩"（婉言太后逝世），长安君靠什么在赵国立足呢？太后听了，说："好，长安君就听凭你安排吧。"于是，触龙为长安君准备了上百辆车子，到齐国做人质。接着，齐国也派兵救了赵国。

从触龙和太后之间的谈话中，我们可以看出触龙很懂得使用沟通的方式和方法。在整个谈话过程中，他谦和、善解人意，尽量避免与太后正面冲突。同时，他又站在太后的角度想问题，让自己的意见变成太后自己的看法。他没有教太后需要做什么，而是帮助太后自己去发现，最终使看似没有商量余地的太后接受了自己的意见。

良好的谈吐可以助人成功，蹩脚的谈吐则令人阻碍重重。在日常生活中，我们身边的人形形色色，有口若悬河的，有期期艾艾、不知所云的，有谈吐隽永的，有语言干瘪、意兴阑珊的，有唇枪舌剑的……人们的口才能力有大小之分，说话的效果也是天差地别的。因此，要想在谈吐上成为高手，达到"到什么山上唱什么歌"的境界，就必须要把握其中的奥秘。

古语云："凡事预则立，不预则废。"所以说话前，有必要对下列问题仔细地考虑：你要对谁讲？要讲什么？为什么要讲这些内容？怎么讲？有什么有利因素和不利因素？怎样处理？等。

刘墉，是乾隆时期有名的宰相。他的能力强、有原则，沟通起来机灵得很，让乾隆皇帝不宠爱他都不行。

有一回刘墉陪乾隆皇帝聊天，乾隆很感慨地说："唉！时光过得真快，就快成了老人家喽！"刘墉看看皇帝一脸的感伤，于是说："皇上您还年轻哩！"

"我今年45岁，属马的，不年轻啦！"乾隆摇摇头，接着看了一眼刘墉问："你今年多大岁数啦？"

刘墉毕恭毕敬地回答："回皇上，我今年45岁，是属驴的。"

乾隆听了觉得很奇怪，于是就问："我45岁属马，你45岁怎么会属驴呢？"

"回皇上，皇上属了马，为臣怎敢也属马呢？只好属驴喽！"刘墉似笑非笑地回答。

"好个伶牙俐齿的刘罗锅！"皇上抚掌大笑，一脸的阴霾尽失。

见什么人说什么话，就是在告诉我们，谈话时要尽量使用对方认同的语言，谈论对方熟悉和关心的话题，并且也要视当下的具体情况灵活应变，在迎合对方心理的同时，也赢得对方的好感；唯有赢得对方的好感，才有可能得到我们想获得的东西，而这也是成就大事的一种技巧。

5. 拒绝要懂点心理学

说"不"是每个人的权利，当然，拒绝别人也不是件容易的事情。正如一位学者所说："求人办事固然是一件难事，而当别人求你办事，你又不得不拒绝的时候，也是叫人万分头痛的。因为每个人都希望得到别人的重视，同时我们也不希望给别人带来不愉快，所以也就很难说出拒绝别人的话。"

拒绝是学习表达之中应具备的基本功之一。唯有恰当地拒绝一些不必要的干扰，我们才能集中精力，去完成更为重要的事情。

当我们想拒绝别人时，心里总是想："不，不行，不能这样做，不能答应！"可是，嘴上却含糊不清地说："这个……好吧……可是……"有时还会习惯性地认为，拒绝别人的要求便得不到别人的支持。

因此，在很多时候，还没来得及听清别人的要求是什么，就心不在焉地答应了，常把自己推入两难的境地。因此我们要有效地把握自己的语言顺序，学会适当拒绝别人。但是过于直率地拒绝每一个要求，永远说"不"，又很容易得罪人，不利于与人建立良好的关系，这时我们需要懂点心理学，掌握拒绝的技巧。

（1）用沉默表示拒绝

当别人问："你喜欢某某吗？"你心里并不喜欢，这时，你可以不表态，或者一笑置之，别人就会明白。一位不大熟识的朋友邀请你参加晚会，送来请帖，你可以不予回复。它本身说明，你不愿参加这样的活动。

（2）用拖延表示你的拒绝

一位女孩想和你约会。她在电话里问你："今天晚上去看电影，好吗？"你可以回答："明天再约吧，到时候我给你去电话。"一位客人请求你替他换个房间，你可以说："对不起，这得值班经理决定，他现在不在。"你和妻子一起逛街，妻子看到一件漂亮的连衣裙，很想买。你可以拍拍衣袋："糟糕，我忘了带钱包。"有人想找你谈话，你看看表："对不起，我还要参加一个会，改天行吗？"

（3）用回避表示拒绝

你和朋友去看了一部无聊的喜剧片，出影院后，朋友问："这部片子怎么样？"你可以回答："我更喜欢抒情一点的片子。"你觉得你正发烧，但不想告诉朋友，不想被朋友担心。朋友关心地问："你量下体温吧？"你可以说："不要紧，今天天气不太好。"

（4）选择其他话题说出"不"

当别人向你提出某种要求时，他们往往通过迂回婉转的方式，绕个大弯子再说出原意，如果你在他谈到一半时就知道了他的意图，并清楚自己不能满足他的愿望时，你不妨把话题岔开，说些别的，让他知道这样做只会让你为难，他也就会知难而退了。

（5）用反诘表示你的意见

如，在和别人一起谈论物价问题时当对方问："你是否认为物价增长过快？"你可以回答："那么你认为增长太慢了吗？"你的朋友问："你喜欢我吗？"你可以回答："你认为我喜欢你吗？"

（6）友好地说"不"

你想对别人的意见表示不赞同时，要注意把对意见的态度和对人的态度区分开来，对意见要坚决拒绝，对人则要热情友好。

一位作家想同某教授交个朋友。作家对教授热情地说："今晚我请你共进晚餐，你愿意吗？"不巧教授正忙于准备学术报告会的讲稿，实在抽不出时间。于是，他亲热地笑了笑，带着歉意说："对你的邀请，我感到非常荣幸，可是我正忙于准备讲稿，实在无法脱身,十分抱歉!"

（7）巧妙地说"不"

当一个你并不喜欢的人邀请你吃饭或游玩时,你可以有礼貌地说:"我老妈叫我和她一起去看姥姥呢!"这种说法在隐藏了个人的意愿的同时,大大减轻了被拒绝一方的失望和难堪。

（8）用搪塞辞令拒绝

外交官们在遇到他们不能回答或不愿回答的问题时,总是用一句话来搪塞:"无可奉告。"生活中,当我们暂时无法说具体的答案时,也可用这句话。还有一些话可以用来搪塞:"天知道""事实会告诉你的"等。

（9）用幽默方式说出"不"

在罗斯福还没有当选美国总统时,曾在海军担任要职。一天,一位好友好奇地问起罗斯福海军在加勒比海一个小岛上建设基地的情况。罗斯福神秘地向四周看了看,对着朋友耳朵小声说:"你能保密吗?""当然能,谁叫咱们是朋友呢?"朋友挺有诚意地回答。"我也能,亲爱的。"罗斯福一边说,一边对朋友做了个鬼脸,两人大笑起来。

可见,以幽默的方式说"不",气氛会马上松弛下来,彼此都感觉不到有压力。

学会委婉地拒绝,恰当地说"不"并不是一件难事。只要理解了上面的几种方法,用最理想的方式表达自己的态度,并把它融入实际生活中,一定会对自己的人际交往有所帮助。

6. 批评要使人口服心服

有许多时候，我们往往会遇到不便直言之事，只好用隐约闪烁之词来暗示。

一位顾客坐在一家高级餐馆的桌旁，把餐巾系在脖子上。这种不文雅的举动很是让其他顾客反感。经理叫来一位侍者说："你让这位绅士懂得，在我们餐馆里，那样做是不允许的。但话要说得尽量含蓄。"

怎么办呢？既要不得罪顾客，又要提醒他。侍者想了想，走过去很有礼貌地问了那位顾客说："先生，你是刮胡子呢，还是理发？"话音刚落，那位顾客立即意识到自己的失礼，赶快取下了餐巾。

侍者没有直接指出客人有失体统之处，而是拐弯抹角地问了两件与餐馆毫不相干的事。表面看来，似乎是侍者问错了，但实际上正是通过这种风马牛不相及的事情来提醒这位顾客，使顾客意识到自己的失礼之处，又礼貌周到，不伤顾客面子。这就是委婉的妙用。

说话直言不讳是许多人所推崇的，但是生活中，并非处处都能直说，有时非得含蓄、委婉一些才能使表达效果更佳。直道跑好马，曲径可通幽，各有各的妙处。

　　一辆电车上人很多，而这时又上来一位抱小孩的妇女。于是售票员对乘客说："哪位同志给这位抱小孩的女同志让个座？"但没想到她连喊两次，无人响应。售票员站起来，用期待的目光看了看靠在窗口处的几位青年乘客，提高嗓音："抱小孩的女同志，请您往里走，靠窗口坐的几位小伙子都想给您让座儿，可就是没看见您。"话音刚落，"呼啦"一声，几位小伙子都不约而同地站了起来，给抱小孩的女同志让座。这位女同志坐下之后，只顾喘气定神，忘记对让座的小伙子道谢，小青年面有冷色。售票员看在眼里，心里明白，她忙中偷闲，逗着小孩说："小朋友，叔叔给你让个座儿，你还不谢谢叔叔。"一语提醒了那位妇女，连忙拉着孩子说："快，谢谢叔叔。"那位小青年听到小孩道谢时，脸色由冷变暖，连声说："不客气，不客气。"

　　生活中，要理解人们的合理需要，维护他人的自尊心，只有这样才能把话说到别人心坎里去。如果不能根据交际对象的心理选择恰当的语言形式，话一出口先挫伤他人的自尊心，必然引起对方的不快，甚至争吵。试想，售票员请人让座时说："那么大小伙子一点也不自觉。"在劝女同志道谢时说："别人给你让座，你也不知道说个谢"，后果会如何呢？

　　批评是一门艺术，批评别人而要使其口服心服，就要讲究窍门，下面谈谈一些可行的批评的办法。

　　（1）暗示式批评

　　某单位工人小王要结婚了，工会主任问他："小王，你们的婚礼准备怎么办呢？"小王不好意思地说："依我的意见，简单点，可是丈母娘说，她就只有这个独生女……"主任说："哦，咱们单位还有小李、小张都是独生女。"这段话双方都用了隐语。小王的意思是婚礼是不得不办。而主任则暗示：别人也是独生女，但能新事新办。

（2）模糊式批评

某单位为整顿劳动纪律，召开员工大会，会上领导说："最近一段时间，我们单位的纪律总的是好的，但也有个别同志表现较差，有的迟到早退，上班吹牛谈天……"这里，用了不少模糊语言："最近一段时间""总的""个别""有的""也有的"等等。这样既照顾了员工面子，又指出了问题。领导没有指名实际上又指出了问题所以，并且说话又具有某种弹性。通常这种说法比直接点名批评效果更好。

（3）安慰式批评

年轻的莫泊桑向著名作家布耶和福楼拜请教诗歌创作。两位大师一边听莫泊桑朗读诗作，一边喝香槟酒。布耶听完说："你这首诗，句子虽然疙里疙瘩，像块牛蹄筋，不过我读过比这坏的诗。这首诗就像这杯香槟酒，勉强还能喝下。"这个批评虽严厉，但有余地，给了对方一些安慰。

（4）渐进式批评

渐进式批评就是逐渐输出批评信息，有层次地进行批评。这样可以使被批评者对批评逐渐适应，逐步接受，不至于一下子"谈崩"，或因受批评背上沉重的思想包袱。

（5）委婉式批评

委婉式批评又叫间接式批评。它一般都采用"借彼批此"的方法声东击西，让被批评者有一个思考的余地。其特点是含蓄，不伤被批评者的自尊心。

（6）指出错时也指明对

大多数的批评者，往往是把重点放在指出对方错的地方，但却不能清楚指明应怎么做。有的人批评人家说："你非这样不可吗？"这是一句废话，因为没有实际内容，只是纯粹表示个人不满意。又如一位丈夫埋怨妻子说："家里一团糟，又有客人要来，你怎么只管坐在那儿化妆？"这种话也只是在抱怨，却没有解决根本问题。

（7）别忘了用"我"字

一位女性对其朋友说："你这套时装，过时了，真难看。"这只是主观意见，他人未见得有同感。正确的表达方式，应当说明这只是你个人的看法，仅供参考。这样，人家比较能接受，甚至有兴趣了解一下你为什么有此看法。

（8）克制"我"的情绪

在批评之前你首先要分析自己，你觉得自己的心情紧张吗？对对方心存不满吗？把你的感受——愤怒、埋怨、责怪、嫉妒等先清理一下是有好处的。

有经验的批评家认为，未开口批评人家之前，先检讨一下自己所持的是什么态度，是积极还是消极。情绪不好是很难掩饰的，而这种情绪有极强的传染力。一旦对方感觉这一点，立刻会激起同样的情绪，立即会抛开你的批评内容，计较你的态度，这种互相影响的情绪会把批评带入僵局。因此智者不可不虑。

事实上，每个人都不愿接受批评。批评毕竟是件令人都排拒的事，但只要讲点语言口才技巧，每个人也都乐意接受批评。

7. 以理服人，用"情"打动对方

"动之以情，晓之以理，衡之以利"，这是劝导说服别人的最根本原则。以理服人就是摆事实、讲道理，让人从你讲的道理中领悟到其正确性，从而接受你的意见，按照你的意见行事。需要注意的是劝导说理要对准要害、出言有据、事实确凿，对方的观点就会不攻自破。

晓之以理，就是讲道理。简单的事情用小道理、一两个典型事例再加上简明、扼要的分析，就可以讲清楚。复杂的事情、大道理，涉及多方面的因素，触动一点就牵动全局，必须全方位、多层次、多角度地进行一系列的说服工作，从多方面展开心理攻势，并以严密的逻辑推理，水到渠成地得出结论。这个结论不宜由自己单方面推断出来交给对方，最好以征询意见的口气引导对方同你一起来推理，共同探讨得出结论。让对方把你的意见、主张当作自己寻求的答案，自愿接受、自动就范，这样的说服更高明。因为对于经过自己思考发现的真理，人们更易坚信不疑。晓之以理，要满怀信心、争取主动、先取攻势。当对方已明确、坚决地表示"不行""不干""不同意"等等之后，再说服他，就要付出加倍的努力。当然，争取主动仍要运用委婉、商榷的语气，切忌盛气凌人、以势压人。如对方因此而产生逆反心理，再说服他，便要付出加倍的努力。

晓之以理，还要结合动之以情，通情才能达理。有时讲大道理，教育对象并非对道理本身不接受，而是与讲道理的人感情上合不来。这时讲道理的人要善于联络感情，要注意反省自己有无令对方反感的地方，及时克服和纠正。尤其当对方抵触、反感、情绪较大时，首先要以诚相待，要在理解、尊重、关心的原则基础上，再讲道理。牧师布道宣传的是唯心主义的宗教，但因以情动人，往往能在催人泪下的同时，不露痕迹地对听众施加思想影响，使人不知不觉地接受其教义。这就是情感的力量。对于形象思维强于逻辑思维的青少年儿童，以及多数平日没有学习理论及思维训练习惯的人，以事比事、将心比心，运用其自身或熟人的经验教训，再加上感情色彩浓厚的语言，进行绘声绘色地引导，易令人感到亲切可信，引发情感上的共鸣，进而为其接受道理扫清障碍、铺平道路。

所谓"衡之以利"就是权衡利弊得失，讲清利害关系。那些实惠观念很强的人，理难服他、情难动他，唯有"衡之以利"是切实有效的一招。且不论对国家、对社会的利害如何，就是只从个人实实在在的得失考虑，他也会趋利避害，以接受你的说服为上策。那些明事理、重情义的人，不会过分讲究实惠，但你仍应设身处地、充分考虑对方的切身利害、实际困难，在此基础上进行说服，才称得上是真正的通情达理，也更令人心悦诚服。每个人之所以能生存与发展，必然有各种各样的正常需要，如果丝毫不考虑其合理需要，没有共同的语言，说服就无从谈起。如果看准了对方的需求，说服就能有的放矢、确有成效。

萧何是汉初的名臣，有一次他向汉高祖刘邦请求将上林苑中的大片空地让给老百姓耕种。

上林苑是为皇帝游玩、嬉戏、打猎、消遣的园林。刘邦一听萧丞相居然要缩减自己的园林，不禁勃然大怒，认为萧何一定是接受了老百姓的大量钱财，才这样为他们说话办事的。于是下令把萧何逮捕入狱，同时审查治罪。当时的法官廷尉为讨好皇上，只要皇上认定某人有罪，廷尉官不惜用大刑使犯人服罪。

就在这紧要关头，一位姓王的侍卫官上前劝告刘邦说："陛下还记得原来与项羽抗争以及后来铲除叛军的时候吗？那几年，皇上在外亲自带兵讨伐，只有丞相一个人驻守关中，关中的百姓非常拥戴丞相，假如丞相稍有利己之心，那么关中之地早不是陛下的了。您认为，丞相会在一个可谋大利的情况下而不谋，反而会贪占百姓和商人的一点小利吗？"

简单几句话，句句击中要害。刘邦深有感触，终于认识到自己的鲁莽，对不起丞相的一片诚心，自己感到非常惭愧，于是当天便下令赦免萧何。

汉代的另一位开国元勋周勃，曾经帮助汉室铲除吕后爪牙，迎立汉文帝，有定策安邦的大功。可后来当他罢相回到自己的封地后，一些素来忌恨周勃的奸佞小人便趁机向汉文帝诬告周勃图谋造反。汉文帝竟然也相信了，急忙下令廷尉将周勃逮捕下狱，追查治罪。按汉代当时的法律，凡是图谋造反者，不但本人要被处死，而且要灭家诛族。

就在周勃大祸临头的时候，薄太后出来劝文帝说："皇上，周勃谋反的最佳时机是您未即位时，当时先皇留给您的玉玺在他手上，而且他还统率着主力部队，但是周勃一心忠于汉室，帮助汉室消灭了企图篡权的吕氏势力，把玉玺交给了陛下。现在他罢相回到自己的小小封国里居住，怎么反而在这个时候想起谋反呢？"听了这话，文帝的所有疑虑都没了，并立即下令赦免了周勃。

薄太后凭着三寸不烂之舌，动之以情，晓之以理来劝说文帝，不但为周勃洗去不白之冤，而且还保全了他性命。就事论事讲道理，是每一个想要成大事者都应具备的一种语言功夫，通过短短几句切中要害的话，也许就可以成就一个人的未来。

要说服别人，最大的障碍就是对方的"心理防线"。因此，设法动摇对方的心理防线，是说服对方的关键所在。那么，如何动摇对方的心理防线呢？除了要晓之以理，具有充实的理由外，更要动之以情，掌握一定的方法和技巧。

（1）在尊重对方的基础上进行劝说

人都是有自尊心的，任何人都希望得到别人的尊重，即使是学生或孩子也希望得到老师或家长的认可。而一个人在受到别人尊重对待时，心情会特别的轻松愉快，在这种情况下劝说对方，往往会取得事半功倍的效果。

（2）强调与对方在某些方面的相似之处

找出与对方一致的共同点，便可让对方产生"自己人"的感觉，使谈话双方产生对彼此的信任感。在一些著名的演说家的演说词中，常常出现这类词句："我们所想的""我们这种表现"等。他们常以"我们"替代"我"，这样在听众中就会达成一种共识：这是我们大家的，从而产生了一种共鸣。演说家的高明在于把自己融于听众之中，让听众接纳他，令听众成为被说服者。在我们的日常生活中，要想劝说成功，不妨也使用演说家这种惯用的说服技巧，挖掘自己与对方的相似因素，譬如文化背景方面、年龄方面、社会经历方面、工作专业方面、思想感情方面、兴趣爱好方面等。

（3）以对方的立场为出发点

考虑对方的立场，发掘对方的欲求、情感是说服的基本方法之一。想要说服别人，不妨设身处地地以对方的立场为出发点，使对方意识到自己的观点、做法将会带来什么样的后果。这样，紧紧抓住对方的心，从而达到说服对方的目的。

8. 打人一巴掌再给一个甜枣

当下属在工作中出现了失误，为了纠正错误而责备下属时，不要在大庭广众之下责备。

有的下属因为自身的原因，缺乏干劲、工作没有主动性。如果想要调动他的主动性，你指责他一通，也无济于事。主动性必须从其内心激发出来。对待这样的下属，指责只能是隐晦的，表面上要进行激励。

如果这个下属喜欢养花，可以将他的工作和花儿进行联系，调动其积极性，鼓励他认真、热情地去工作。不仅如此，这种激励的方法还能使这个下属产生一种责任感，而责任感恰恰是做好工作的前提。

如此一来，这个下属必能心服口服、愉快地接受你的责备，因为他的努力得到了认可，他的积极性得到了肯定。

人们在受到责备时，都会感到不痛快。但是林子大了什么鸟都有，有一种特殊的人，任你怎样批评，怎样责备，他只听之任之、我行我素、依然如故。

有位女经理，精明强干，手下的一班干部也都十分出色。但前不久，一名助手因为迁居别处而调走了，接任的是一位刚刚毕业的大学生。这位新来的女大学生，做事又慢又马虎，常常将印过的资料不加整理便交出去。办公桌上也乱七八糟。时间长了，她还是老样子。而且，这个女孩子对于任何批评、责备，都只当作耳边风，让人急不得气不得恨不得恼不得。后来，那位女经理决定改变责备方式，只要一发现她的优点就称赞她。

没想到，这个办法真灵验了，仅仅十几天，那女孩就好了很多。一个月后，做出了非常显著的工作成绩。

可见，责备无效时，可以从另一个角度进攻，利用称赞来迫使对方改掉毛病。

不当众责备下属当然是最好了，可是，有些领导比较容易冲动，特别是看到下属犯了比较严重的错误，就可能按捺不住心中的怒火，当众责骂起下属来。这时，就好像是"丢了羊"一样，为了防止继续"丢羊"，就必须立即采取"补牢"的措施，使你因一时冲动而产生的"副作用"减到最小。

　　某位总经理的脾气比较暴躁，他对工作总是一丝不苟，如果看到部门经理工作不负责任，或者令他不满意，就会情不自禁地要当时当地直截了当地指出来。

　　尽管总经理这样做是为了工作，部门经理心里也明白，知道总经理并不是责骂他一个人，但是心里毕竟不是滋味。

　　事后，总经理冷静下来，知道自己行事太冲动了，而且后来听部下解释，才知道这个部门平时工作是十分出色的，只是因为特殊情况出了点小错，但工作成绩还是可观的。

　　于是，经理马上进行"补牢"工作。在他那天下班之前，派人把部门经理找来，说："今天委屈你了，首先怪我太冲动，没有完全了解情况，对你的责怪不当，请原谅。不过，你们部门的工作仍需要提高，相信你能做到这一点。"

　　几句话使部门经理的心得到了安慰，同时又有一种被信任之感，再大的委屈也就抛到九霄云外去了。

　　俗语说："打人一巴掌再给一个甜枣"，虽然不能轻易地"打一巴掌"，但既然"打"了，给与不给"甜枣"效果便大不相同。丢了羊，再补牢这便是一个不是办法的办法，当你一时冲动当众责备了你的部下时，不妨一试。相信还是有些效果的。另外，请遵守下面介绍的上司批评部下的几个原则，并随时进行自我检讨。

（1）只说眼前，不提过去

批评并不是回顾过去，而应该站在如何解决当前问题、将来如何改进的立场上进行，最重要的是将来，而不是过去。

重视现在，而不是过去。不追究过去，只将现在和将来纳入需要解决的问题重点，不是责备已成的结果，而是对今后如何做有所"鼓励"，这样的批评法才是理想、得当的方法。

（2）只论此事，不言其他

如果一次批评许多事情，不仅使内容相互抵消，而且还可能把握不住重点，同时也容易使受到批评的人意志消沉。

在现实生活中，尤其是面谈时很容易出现这种情形，日常的工作场合说话的机会很少，所以便趁面谈的机会把过去的一切全盘托出。这种批评方式容易让对方产生对抗的心理，为了有效地说服，应该尽量避免这样的情形出现。

（3）人员为一对一，莫让他人听到

批评时若有他人在场，被批评者会有屈辱感，心生反抗，而找理由辩解，无心自省，使批评无法产生效果。因此，不到不得已，不要当众批评部下。

（4）别用批评来发泄心中的不快

所谓批评时不可夹带私人感情，意思是说责备别人时要公事公办，冷静、客观。可是，批评是人的感性行为，不可能脱离感情，那种如同戴面具的批评是令人生厌和有违常理的。因此，如何正确地表达情感就成为批评重要的一环。换句话说，透过批评表达自己，打动下属的心，才是有成效的批评、说服。

要想真正打动下属的心，达到说服的效果，绝不能把自己表现得完美无缺，高高在上，这样只是使批评的一方获得自我满足，却毫无半点成效。而应该从对方的缺点和错误中找到共性，通过共性描述让对方发现自己的过失和错误。

也就是说批评对方也等于批评自己。因此，作为上司，必须以责己之心来批评部下，否则就收不到真正的批评效果。

"责人如责己"，这一点不可忘记。

第六章
得体的语言，
让对方愿意与你交谈

战争离不开枪炮，沟通离不开语言。到位的话、动人的话能很快达到沟通的目的。在沟通中，语言的使用是一门艺术，你面对的是一个不甚了解的人，好的语言就同好的色彩一样，容易印入别人的脑海，让别人感受你的气质和为人，有效发挥沟通的作用。

1. 聊天是沟通的好方式

聊天，也称作闲谈，是人们在业余生活中经常运用的休息方式。工作之余，与亲人、朋友、同事、邻居们聊聊天，调剂一下紧张的情绪，既是一种难得的精神享受，也是一种交流思想、沟通情感的好方式。

聊天可以是漫无边际地闲唠，也可以是有意识地闲谈。有意识、有目的的聊天，往往对自己、对别人都有很大的帮助。

比利时生理学家科内尔·海门斯，就是从聊天中获得知识的。他有一个习惯，每当黄昏陪着父亲在庭院里散步聊天时，他总是准备了很多问题让父亲回答。有一次，他向父亲提出了一大串有关潜水时呼吸的生理反应方面的问题，父亲耐心地作了解答，使他大受启发，决心发奋攻读生理学。后来，科内尔终于攻克这一难题，写出了《血管压力感受器和化学感受器在呼吸控制中的作用》这篇著名论文，还荣获了诺贝尔奖奖金。可见，聊天中所传达出的思想可以成为科学发现中的激励力量。

此外，还有一种讨论式的聊天。这种聊天的优点更为明显，科学家贝弗里奇把它概括为以下几点：

（1）别人可能向你提出有益的建议

（2）一个新的设想可以由两三个人集中他们的知识而产生

（3）可以拨正谬误

（4）可以使人精神振奋

（5）帮助人摆脱习惯性思想束缚

可以说，聊天是一种积极交流和沟通思想的好办法。大文豪萧伯纳这样说过："倘若你有一个苹果，我也有一个苹果，而我们彼此交换这些苹果，那么，你和我自然是各有一个苹果。但是倘若你有一种思想，我也有一种思想，而我们彼此交流这些思想，那么，我们每个人将各有两种思想。"文雅的、讲究艺术的聊天，对于传播信息、交流思想，具有积极的作用，这是毫无疑问的。

当然，由于聊天是"闲"聊，免不了有较多的"水分"，话语也难以做到严密准确。所以，必须对聊天中所提供的信息，加以优选和核实，以保证聊而有获。

聊天和闲谈是增近人与人之间关系的大好时机。由于聊天的气氛比较轻松，场合也不会特别正式。所以人们更会敞开心扉，畅所欲言。当然，如果你想成为一个聊天高手，也必须掌握一定的技巧。

任何年纪的人都需要聊天，就像需要吃饭一样。许多人在正式谈论一件事情的时候，都喜欢以轻松的话题作为开场白，然后再逐步导入正题。律师、作家、新闻记者及演员都是这方面的专家。他们都懂得如何以轻松的方式开场，然后再迅速把握住谈话的主题，达到充分沟通的目的。

善于聊天的人之所以能把谈话的气氛营造得很热烈，并不是靠自己比别人懂得更多，或声调比别人高，或最会讲笑话，或懂得"控制"谈话的方向，聊天聊得好，并不是什么秘密，甚至一点也不困难。首先，你的谈话态度一定要放轻松，然后再设法找出对方喜欢的话题，尽量让对方多发表看法。至于你，不妨表现出有兴趣的样子，仔细地倾听。

当你在寻找话题的时候，最好不要涉及政治与宗教信仰这两个主题，因为这类话题最容易引起激烈的争辩，而将原来的轻松场面一扫而空。最好谈一些小的、不重要的事情。如果你以这些话题作为开场白，对方一定不会认为你是在说教、吹牛或宣扬你的主张。

我们在聊天这件事上最容易犯的错误，就是一见面就从对方所从事的工作谈起。我们总以为和医生谈开刀，和运动员谈打球，和商人谈生意经，和国会议员谈政治乃是"天经地义"的事，殊不知，对方一年到头做同样的事情，已经够烦的了，如果你再不识相地谈这些事情，表面上对方不会发作，但内心很可能把你当成是"无聊分子"了。

那么，我们到底应该谈哪些事情呢？最好的办法，就是经常阅读报纸和一般性的杂志，以吸收各方面的知识。不然，除了"你好吗？""今天天气不错啊！"之外，接下来你就不知道要聊些什么了。

新闻人物也是一个很好的话题，其他如哪里新开了一家餐厅、什么地方最适宜度假、艾滋病、恐怖事件等，都是很好的聊天话题。

"沉默是金"在社交场合根本行不通，而且是非常不礼貌的。反之，善于打破沉默、谈笑风生、能带动会场气氛的人，走到哪里都会受到大家的欢迎。这种人不会让会场沉默太久，也不会让"无聊分子"一直强迫别人听他的训话。这种人懂得适时转变话题，让大家都有台阶下。社交活动的目的，就是要让话题一直继续下去，使得宾主尽欢。如果你不想说话，还不如回到家里看电视、读小说算了。

以下几点建议，可以帮助我们增进聊天的技巧：

（1）在和朋友的聚会当中，融入聊天话题

不要待在一个地方不动，你最好往人群聚集的地方去，听听他们在谈些什么，这样你也有机会发表你的意见。等到有趣的话题谈得差不多的时候，再找个借口离开，另寻聊天的对象。这种游击式的方法，很容易找到真正可以聊天的对象，也可以认识许多朋友。

（2）如果是家庭式的宴会，势必要坐等聊天

这时，你有"义务"和周围的人聊天，不要冷落任何一个人。还有，在主菜上来之前，不要把聊天的话题一下子用光了，免得上了菜之后大家都在干瞪眼。

一位女士非常懂得聊天的技巧。她和初次见面的女性聊天，用的都是同样的一套："你戴的这串项链（或手镯、戒指）真漂亮，是别人送的，还是……"几乎没有一次例外，被她问到的女性都乐意诉说得到这个首饰的故事。

（3）千万不要讲"不好笑"的笑话

讲笑话一定要看场合及对象，如果你没有把握，干脆等着听别人讲笑话算了。

（4）谈论大家熟悉的人和事

聊天的话题是否有趣，取决于所谈的内容是不是每个人都知道的人和事物。如果你谈的是一个谁都不认识的人，必然引不起大家的兴趣。

（5）切忌谈论负面信息

千万不要说："你们看，站在角落的那个女士穿得有多丑，而且她的脸还动过整容手术。"说不定听众当中，就有这位女士的丈夫。

（6）适可而止

如果你发觉听众已经不耐烦了，最好赶快闭嘴，听听别人的高论，何必一定要硬撑下去呢？

（7）适当夸赞

每一位男士都喜欢听到别人说他很风趣，每一位女士都喜欢别人称赞她很漂亮。

2.　解释是沟通中必不可少的

由于个人原因或其他方面的差异，或是错误之类，日常生活中必须要对别人做出各种各样的解释。普通人不可能去请一位专门的发言人，如何把解释做得圆满就靠平时的积累，只要你语言得体，定会有一个圆满的解释。

在社交场合中，解释是必不可少的。例如，上班迟到了，需要向领导解释迟到的原因；别人不同意自己的观点，需要做进一步的解释；别人对自己产生误解了，需要解释自己的动机和目的等。那么，怎样才能使解释获得预期效果呢？这就需要遵循一定的原则，运用一定的语言表达技巧。

（1）实事求是，有理有据

要使解释获得预期效果，首先必须遵循实事求是、有理有据的原则。因为解释的目的在于解疑释难、澄清事实、使人信服。为了达到这一目的，解释就必须实事求是，如实地陈述事情的原委，做到有理有据。当然，有时候由于真实情况难以直言，也可以采用委婉含蓄的语言，说明不便直言的原因，请对方谅解。但是，决不能编造理由、寻找借口、强词夺理。那样，即使说得天花乱坠，也难以令人信服，可能还会招致对方的反感与驳斥。总之，要使解释获得预期效果，就必须做到实事求是、有理有据，如实向对方讲清事情的原委，表明自己的态度。这样，解释才能令人信服，才能达到沟通的效果。

（2）表达清晰，条理分明

如前所述，解释是解疑释难、澄清事实、使人信服。既然如此，那么，表述就必须清楚明白，否则，不仅达不到预期目的，甚至还会产生新的误解。

那么，解释时怎样才能做到清楚明白呢？关键在于做到条理分明，尤其是解释错综复杂的情况时，要把它说得有条不紊。具体说来，在解释前，要考虑到语句的顺序，先说什么，后说什么，要做到心中有数，不能兴之所至，随口道来，以防止解释后更加糊涂的情形出现。一般地说，事情总有个起因、发展和结果这样的过程。在解释时，就可以按照这个过程的先后顺序进行。在词语句式的选择方面，解释中应尽量少用"也许""大概""可能"之类的模糊词语，少用同音词；同时，句子要多用完整句，不要随意省略成分，否则，若产生歧义就可能出现越解释越糊涂的问题。在言语的表述方面，也要讲究技巧。比如，有些事情，如果直言解释，可能会伤人情面、影响关系，那就应该采用委婉含蓄的表述方式，使之容易为对方所接受。不过，虽然表述方式是委婉含蓄的，但表意一定要清楚明白，否则容易产生负面效果。此外，在表述时，采用"同义替换法"，即同一个意思换一种说法，效果也是很好的。总之，既要表述清晰，又要言语委婉，这也是解释时必须遵循的一条重要原则。

（3）语态谦恭，语气和缓

古人云："感人心者，莫先乎情。"解释这种表达方式特别强调双方的情感融洽，双方情感越融洽，解释的话就越入耳入心，就越能使人信服。所以，解释所必须遵循的又一条原则，就是态度谦恭。所谓态度谦恭，就是在解释时，要特别注意语言的感情功能，用情感感染对方，达到情感融洽，使对方相信自己的解释。

要做到态度谦恭，首先搞好心理沟通。在解释时，如果能够站在对方的立场上，从对方的利益出发，那么对方就会把你当成"自己人"，相信并接受你的解释。一旦对方把你当成了"自己人"，就标志着双方情感已经融洽，心理已经沟通，解释工作就好做了。其次，语气要和缓。在解释时，既不能使用质问的语气，更不能使用轻视或嘲弄的语气，应采用和缓的、商量的语气。要知道，语气如何，直接关系到解释工作的成效，因此必须加以注意。

3. 得体的安慰以达沟通的效果

在别人遇到不快或是悲伤的事时，就是安慰的话发挥作用的时候了。安慰人谁都会，但每个人的效果却不一样。安慰也需要好的口才技术，只有如此，才能以最快的速度平复别人内心的创伤。

我们怎样才能在某个人处于困难时对他说出得体的安慰的话呢？虽然没有严格的准则，但有些办法可帮助我们衡量当时的情况，然后作出得体而真诚的反应。这里是一些建议：

（1）留意对方的感受，不要以自己为中心

当你去探访一个遭遇不幸的人时，你要记得你到那里去是为了支持他和帮助他。你要留意对方的感受，而不要只顾表达自己的感受。不要以朋友的不幸遭遇为借口，而把你自己的类似经历拉扯出来。如果你只是说："我是过来人，我明白你的心情。"这当然没有什么关系。但是你不能说："我母亲死后，我有一个星期吃不下东西。"每个人对悲伤的表达方式并不相同，所以你只用感同身受地传达心意就足够了。

（2）尽量静心倾听，接受对方的感受

丧失了亲人的人需要经历悲伤的各个阶段。可以顺着对方的意愿行事，而不是设法去逗其开心。只要静心倾听，接受并理解对方的心情。有些在悲痛中的人不愿意多说话，你也得尊重这种态度。一个正在接受化疗的人说，她最感激一个朋友的关怀。那个朋友每天给她打一次电话，每次谈话都不超过一分钟，只是让她知道他惦记着她，但是并不坚持要她报告病情。

（3）说话要切合实际，但要尽可能表示乐观

泰莉·福林马奥尼是麻州综合医院的护理临床医生，曾给几百个艾滋病患者提供咨询服务。据她说，许多人对得了绝症的人都不知道说什么才好。

他们说些"别担心，很快就会好的"之类的话，明知这些话并不真实，而病人自己也知道。

"你到医院去探病时，说话要切合实际，但是要尽可能表示乐观，"福林马奥尼说，"例如'你觉得怎样？'和'有什么我可以帮忙的吗？'这些永远都是得体的话。要让病人知道你关心他，知道有需要时你愿意帮忙。不要害怕和他接触。拍拍他的手或是搂他一下，可能比说话更有安慰作用。"

（4）主动提供具体的援助

一个伤感悲痛的人，可能对日常生活的细节感到不胜负荷。你可以自告奋勇，向他表示愿意替他跑腿，帮他完成一项工作，或是替他接送孩子。一位离婚带着孩子的女士说："我摔断肋骨时，觉得生活完全不在我掌握之中，后来我的邻居们轮流替我开车，使我能够放松下来。"

（5）要有足够的耐心

丧失亲人的悲痛在深度上和时间上各不相同，有的往往持续几年。一位寡妇说："我丈夫死后，儿女们老是说：'虽然你和爸爸的感情一直很好，可是现在爸爸已经去世了，你得继续活下去才好。'我不愿意别人那样对待我，好像把我视作摔跤后擦伤了膝盖而不愿起身似的。我知道我得继续活下去，而最后我的确

活下去了。但是，我得依照我自己的方法去做。悲伤是不能够匆匆而过的。"

在另一方面，要是一个朋友的悲伤似乎异常深切或者历时长久，你要让他知道你在关心他。你可以对他说："你的日子一定很难过。我认为你不应该独立应付这种困难，我愿意帮助你。"

（6）对不同的人采取不同的安慰方式

安慰能给不幸者以温暖、光明、力量，帮助他分担痛苦，减轻精神重负，重振前进的勇气。给予不幸者以安慰，是为人处世的一种美德。当至亲好友遭遇不幸时，及时送上真诚的安慰，更是你应尽的责任。

探望身患重病的不幸者，不必过多谈论病情。有关的医疗知识，医生已经有交代、说明，勿须你再多言。如果对方本来就背着重病的精神包袱，你再谈及过多，势必包袱加重。你应该多谈病人关心、感兴趣的事，转移对方的注意力，减轻对方的精神负担，如能尽量多谈点与对方有关的喜事、好消息，使他精神愉快、心宽体胖，更有利于早日康复。医生送去治疗身体的良药，亲友送去温暖人心的关怀，都是治疗重病必不可少的。

对于因生理缺陷、孤身在外、门第悬殊等原因被歧视者，劝慰时应多讲些有类似情况的名人的事迹，鼓励对方应不向命运屈服，抵制宿命论的思想影响，使其坚信只要充分发挥人的主观能动作用，仍然能够争取人生的幸福，实现人生的价值。

安慰丧亲的不幸者，不要急于劝阻对方的情绪宣泄，强烈的悲痛如巨石压在心头，愈久愈重，不吐不快，让其宣泄、释放出来，反而能如释重负，有利于让心绪平静。你应当注意倾听对方的回忆、哭诉，并多谈谈死者生前的优点、贡献，人们对他的敬意、怀念。死者的生命价值愈高，其亲属就愈感宽慰，并有可能化悲痛为力量，去发扬死者生前的优点，去完成死者未竟的事业。

对于胸怀奇志而又在事业上屡遭挫折、失败的不幸者，最需要的是对其强烈的意志给予充分理解、支持。对他们，理解应多于抚慰，鼓励应多于同情，怜悯是变相的侮辱，敬慕是志同道合的体现。你不必劝慰对方忘掉忧愁、痛苦，更休想说服对方随波逐流，放弃理想追求。最好的安慰，是帮助对方总结经验教训，分析面对的诸多有利和不利条件，克服灰心丧气的情绪，树立必胜的信念，并共同探讨到达事业顶峰的光明之路。这就要求你对其从事的事业有一定的了解，这称得上是名副其实的知音。

4. 说话因人而异有利沟通

常听人说："守着矮人不能说短话。"与你沟通的人都各有各的特点，也各有各的忌讳，说话之前，先察言观色，说话因人而异才会保证沟通顺利进行。

中国有句谚语说："到什么山唱什么歌，见什么人说什么话。"在适当的场合，对适当的人说适当的话的技巧是非常有用的。掌握了以下几点，更有利于我们与他人之间的沟通。

（1）见什么人说什么话

见什么人说什么话，说话因人而异，是非常必要的，否则就会犯"对牛弹琴"的错误。

在一般情况下，"因人而异"要考虑以下几个方面：

①根据性别的差异。对男性，需要采取较强有力的劝说语言；对女性，则可以温和一些。

②根据年龄的差异。对年轻人，适当运用煽动的语言；对中年人，应讲明利害，他们自会斟酌；对老年人，应以商量的口吻，以示尊重。

③根据地域的差异。对生活在不同地域的人，所采用的劝说方式也应有所差别。比如，对我国北方人，态度可粗犷些；对南方人，则应细腻一些。

④根据职业的差异。不论遇到从事何种职业的人，都要运用与对方所掌握的专业知识密切关联的语言与之交谈，对方对你的信任感就会大大增强。

⑤根据性格的差异。若对方性格直爽，便可以单刀直入；若对方性格犹豫，则要"慢工出细活"；若对方生性多疑，切忌处处表白，应该不动声色，使其疑虑自消。

⑥根据文化程度的差异。一般来说，对文化程度低的人所采用的方法应简单明确，多使用一些具体的数字和例子；对于文化程度高的人，则可以采取抽象的说理方法。

⑦根据兴趣爱好的差异。凡是有兴趣爱好的人，当你谈起有关对方的爱好这方面的事情时，对方都会兴致盎然，同时，对你无形中也会产生好感。因此，如果你能由此入手，就会为下一步的劝说工作打下良好的基础。

（2）抓住对方的性格特征

现实生活中，因为不了解对方的性格、志趣或者没有猜准对方心意而无意引起对方反感，甚至伤害对方的事是屡见不鲜的。对一个做事雷厉风行、说一不二的人，你却慢条斯理，"沿着羊肠小道绕圈"，只会让对方不耐烦甚至暴躁发火；对一些优柔寡断的人，你也采用优柔寡断的态度与其交涉，常常会因为表达含糊，词义暧昧而使沟通失去意义；如果你的领导是个呆板而不懂幽默的人，你最好不要对他开玩笑；对一些爱露锋芒的人，你若任他肆意妄为，你们的交往可能会由于你们之间产生嫉妒而遭失败；对一些"假正经"（心里想的跟嘴里说的相反）的人，你若真跟对方"正经"，那你可不会给其留下好印象。

错估对方的性格特征，会使交往受到阻碍。这方面处理的一个基本原则是采取与对方性格特征相反的态度。不过，这也只是个基本点，要参考着用，如果对一个生性懦弱的人采取强硬的态度，当然会让对方感到反感。许多事例告诉我们：如果你没把握住对方的性格，必将陷入难以自拔的困境，所以你务必留意。

（3）要掌握语言环境

要使谈话富有魅力，首先要掌握语言的环境。在特定的场合下，必须要讲适合环境的语言。如意大利前总统佩尔蒂尼访华时，在北京大学受到了热烈的欢迎，在回答青年们的敬意时，他很风趣地说："我在青年们面前算不得什么，如果你们能给我青春，我宁愿把总统的职务交给你们。"一句"愿以总统换青春"的话语，赢得了青年们的热烈掌声。

（4）要谨言慎行

针对不同的对象，语言的使用要有分寸，要运用得贴切、恰到好处。对自己的言谈举止，也一定要小心谨慎，特别是不要触动对方可能禁忌的话题。至少应注意以下几点：

①不要说大话，吹嘘自己

夸口、说大话、"吹牛皮"，常常是外强中干者，其目的只不过是为了引起大家对他的关注，以满足自己的虚荣心。朋友、同事相处，贵在讲信用，不能办到的事，胡乱吹嘘会给人以巧言令色、华而不实之感。

过于卖弄、显示自己多么有才华、知识多么渊博，让对方相形见绌、感到难堪，这也不利于双方的交往和沟通。

②不要喋喋不休地诉苦、发牢骚

内心有痛苦、积怨、烦恼、委屈，虽需要找人诉说，但不要随便在不太熟悉的、不太亲密的人面前倾诉。一是对方可能没有多大兴趣，二是不了解实际情况，很难产生同情心，三是易被误解你本身有毛病、有缺点，所以才有这么多的麻烦。所以，要保持心理上的镇定，控制自己的情绪，力争同任何人的谈话都有实际意义。

③在朋友失意时，不要谈自己的得意事

处在得意日，莫忘失意时。朋友向你表露失落感，倾吐心腹事，本意是想得到同情和安慰。你若无意中把自己的自满、自得同朋友的倒霉、失意相对比，无形中会刺激对方的自尊，让对方以为你是在嘲笑他的无能，这样的误会很难消除，所以讲话千万要慎重。

④不要用训斥的口吻

朋友、同事间的关系是平等的，不能自以为是、居高临下、唯我独尊，盛气凌人的训斥会刺伤对方的自尊心。人类有一种共同性，就是没有谁喜欢接受别人的命令和训斥，所以不要自以为是，要为别人保住面子。

⑤不要扬人隐私

任何人都有隐私，在心灵深处，都有一块不希望被人侵犯的领地。现代人极为强调隐私权，朋友出于信任，把内心的秘密告诉你，这是你的荣幸，但是你若不能保守秘密，则会使朋友伤心、同事怨恨。隐私是人的心灵深处最敏感、最易被激怒、最易被刺痛的角落，当面或背后都应回避这类话题。

⑥交谈时，不要伴随一些不礼貌的动作

为尊重对方，必须保持端庄的谈话姿态。抖腿、挖鼻孔、哈欠连天等动作都是不礼貌的。尤其不要一直牢牢地盯住别人的眼睛，这会使对方觉得窘迫不安；也不要居高俯视，这会给人高高在上的感觉；不要目光乱扫，东张西望，这会使对方觉得你漫不经心或另有他图。

⑦不要只关注一个人

在和多人交谈时，不能只关注一个人而冷落旁人。最好能用一个话题唤起大家的兴趣，令众人都发表见解。

⑧不要中间把话题岔开或转开

话题被打断，会让对方产生不满或怀疑的心态。或者认为你不识时务、水平低、见识浅；或者认为你讨厌、反感这类话题；或者认为你不尊重人、没有修养。如此，双方便无法建立起亲密的关系。

⑨不要滔滔不绝地谈对方生疏的、不懂的话题

你所熟悉的专业、学问，对方不懂，也没有兴趣，就不要滔滔不绝地介绍这方面的内容，让对方认为你很迂腐或认为你在卖弄，或觉得你有意使他难堪。

⑩出现争辩时，不要把对方逼到山穷水尽的地步

当将要陷入面红耳赤的辩论漩涡之中的时候，最好的办法是绕开它。针锋相对、咄咄逼人的争辩只能屈人口，不能服人心。被你的雄辩逼迫得无话可说的人，肚子里常会生出满腹牢骚、一腔怨言。不要指望仅仅以摇唇鼓舌的口头之争，便可改变对方已有的想法和成见。你争胜好斗，坚持争论到最后一句话，虽可获得胜利和自我满足感，但并不能令对方对你产生好感，所以在交谈中，必须坚持"求同存异"的原则，不必把自己的观点强加于人。

5. 难说的话婉转表达

容易的话有容易的表达技巧，难说的话也会有容易的表达技巧。要想使这些话轻易说出口又不得罪人最好的办法就是婉转。婉转的话也是最考验一个人口才的。

净说一些恭维的话，倒也不困难，但是，在现实的生活中，有时候你却不得不说一些对方不愿意听，或者对对方不利的话。

觉得难说出口而一拖再拖，不但会令你更加开不了口，而且，当山穷水尽不得不说的时候，会被责问："为什么不早一点告诉我？"这么一来，你的形象在别人眼里就大打折扣了。

许多人都有过胆小、懦弱的时候，对于说不出口的话，总是没办法坦然地说出来，因此，吃了不少亏，也给别人带来了麻烦。

说话的技巧是要抓住要点，适时地把内容做最有效果的传达。所以，满嘴叽里呱啦说得天花乱坠，在必要关头却开不了口的人，算不上能言善道。

那么，要如何才能把一件不便说出口的事，巧妙婉转地表达出来呢？

（1）早做决定

"说不出来的话，更要早一点表达"是第一要点。时机一错过，更叫你开不了口。

（2）缓和对方所承受的压力

直截了当地把"不，不行"向对方表白的话，会刺激到对方的情绪，造成彼此的不快。尤其是对长辈、上级，更不能用直接的拒绝方式。

如果对方是充满自信心、人格又相当优秀的人，或许对于毫不留情的批评，会平心静气地接受，但是，这样的人实在太少了。

因此，最好的应答方式是："啊，是这样的啊！""原来如此"。先正面地接受它，然后再婉转地把自己相反的意见，以"我觉得……不知您觉得如何？"的方式表达出来。

（3）提示的方法

有些时候必须委托大忙人代理一些事，这时一般人往往会说："真抱歉，这么忙的时候又打扰您……"

其实，不如提示对方一些处理方法，这样，对方承接工作的意愿就会提高些。

另外，纠正别人、斥责别人的时候，总是难以开口。如果换个讲法，委婉地提出意见给对方，就可以毫无芥蒂地开口，相信对方也能够顺从地接受。

（4）尽量委婉些

圣彼得堡有一个因赌场失意、欠债累累的少尉在喝得酩酊大醉时，说了一句"沙皇陛下在我的屁股底下"，被他的一个宿敌军官告到法庭。

法庭上，法官经过认真的审理，确认少尉有罪，彼得堡的记者们要报道这一判决，又不能重复那句侮辱沙皇的话，为此费尽心思。其中一个聪明的晚报记者写的消息，被各报采用。

晚报记者这样写道："安里扬诺陆军少尉违法，军事法庭判处有期徒刑2年，因为他泄漏了一些有关沙皇陛下住处的令人不安的消息。"

在和下属谈话的时候，也要表现口才，注意尽量委婉些，以免伤害下属的自尊心和感情。

6. 诚实地把缺点倾诉

沟通最忌遮遮掩掩。不诚实说话会让对方觉得你这个人一不可信二不懂尊重。其实有缺点、错误乃是人之常情，说出来反而会让别人觉得你这个人值得交往。

想从对方外表、社会地位或职业判断一个人，却不愿透露自己的烦恼或工作内容的人很多。有的人则特意邀约对方谈论某件事，然而一旦和对方见面后，又不习惯现场的气氛，或不中意对方的外表，而始终不愿启口论事。

不开口的话，什么事情也解决不了。与其一开始就放弃，不如抱着一试的心态，即使被取笑也没关系。诚恳地与对方交谈看看，请求对方助一臂之力，才是创造机会的明智之举。

有种人会抱着"反正本来也无法解决"的心态，采取积极的战术。这样的人虽然任性，但具有强烈的依赖心，无论再烦恼、再无聊的小事都向他人倾诉，如此一来即可消除自己的焦躁感。换句话说，这些人已经把他们的缺点转变为对自己有利的优点。

有时候，我们常会听到别人说这样的话：

"原来是这件事啊！哎呀，如果你早点说，我就有办法解决了！"

"今年的预算已经订好了，真不巧，明年再说吧！"

当我们着手思考某件事时，如果一开始就先告知对方，说不定这也正是对方在考虑的事，沟通能使你获得千载难逢的机会：

"我们正在编列预算，你的意见实在太好了，我们商讨后会立刻通知你，谢谢你宝贵的建议。"

你是否也在一开始就对某件困难的事情死心呢？凡事要试了才知道。在闲谈之中，可以把胸中累积的所有烦闷，毫不保留地倾吐出来，说不定正是抓住时机的大好机会呢！

每个人都拥有不愿为人所知的一面，即使并非是什么见不得人的秘密，但或多或少都有些心事隐藏在心里面。即便是个成就显赫的人，也有不愿被人探知过去的历史，如工作方面遭遇的失败、血气方刚犯下的大错、肉体上的残缺等。每个人都基于某种理由，有不愿被人所知的一面，因而试图将它隐藏在内心深处，所以才装作一副毫无弱点的姿态，那是在刻意伪装自己的内心。不过,当我们解除自己的武装，毫不掩饰地暴露所有的缺点，以诚相待的时候，对方也相应地会以较为轻松的姿态和我们交往。

通常，人们对我们意欲掩饰的行为，常故意投下注视的目光，偶尔还可能故意往坏的方面想象。但如果我们本身解除警戒，并向对方表示我们的信赖、好感的话，对方同样会以诚相待。即使对方不怀好意而来，但当我们逐渐解除武装，慢慢地暴露自己的某些弱点，采取较低的姿态，有时也可达到使对方将恶意转变为好意的效果。

如果你的对手防御攻势很强，而且表现得毫不通融的时候，你最好先暴露出自己的某些弱点，使对方解除戒备心。即使是经常以严肃的死板脸孔斥责属下的上司，只要以信赖他们的姿态交谈，也会使谈判意外顺利地进行下去。

人类一方面严密地隐藏自己不愿为人所知的秘密，另一方面，又渴望将自己的秘密告诉某人。秘密使人的内心感到沉重与不安，长久不安是很痛苦的事情。倾吐不幸、不满和秘密，寻求相知的人了解，是人类本能的欲求，是巧妙地引导对方唤醒本能欲求的行动，也是使对方向你吐露自身弱点和秘密的基础。

7. 避免争执，彼此包容

争论中永远没有赢家，你赢了，对方不愿再跟你交往下去；你输了，你就对对方有所顾忌，这是一个两败俱伤的结局。所以，永远不要卷入争论，以宽容之心待人。

相容是人与人之间相处应遵循的一个极为重要的原则，能不能做到相容，不仅直接关系到一个人人缘的好坏，而且还影响人与人之间是否能顺利地沟通。

有一次报上有这么一则消息：楼上楼下邻里之间，因不注意，住在楼上的人老是把地板弄得"嘎吱嘎吱"作响，常常把楼下正在午睡的女子惊醒。楼下女子心里很气愤，便心生一计。她拿出一张纸，在上面画一个人，写上对方的姓名，然后大大划了个"×"，悄悄上楼贴在对方的房门上。她刚贴好，正要转身下楼，楼上主妇买菜回来，与她撞个正着，见此情境，两人厮打起来，从此，两家成了仇人。

卡耐基十分重视相容原则在人际交往中的运用。他认为，不相容必然导致双方的争执和争论。他说：任何人都赢不了争论，"十之八九，争论的结果会使双方比以前更加相信自己是绝对正确的。你赢不了争论。要是输了，当然你就输了；如果赢了，还是输了，为什么？如果你的胜利，使对方的论点被攻击得千疮百孔，证明他一无是处，那又怎样？你会觉得洋洋自得，但他呢？你使他自惭，你伤了他的自尊，他会怨恨你的胜利，而且，他即使口服，但心里不服。因此，从争论中获胜的唯一秘诀是避免争论。"

为此，卡耐基提出九点建议，对你或许会有所帮助：

（1）欢迎不同的意见

不同意见往往是人们避免重大错误的最好机会。青年人考虑问题往往欠周到，这时听一下别人不同的意见，或许会起到意想不到的作用。如果你对父母的唠叨而感到厌烦，或者为周围人的固执而大伤脑筋，这时，换个角度看，不同意见恰恰是你没有想到的。

（2）不要轻易相信自己直觉的印象

直觉的印象也就是第一感觉的印象。当别人提出不同意见的时候，人们的第一反应就是自卫，即保护自己的想法和自尊心。这种自卫常常使我们的直觉缺乏科学性。

（3）控制自己的脾气

发脾气根本不能帮你解决任何问题，相反，它只能激怒对方，加剧双方的防卫和对抗。

（4）先听为上

让反对者有说话的机会，让他把话说完，不要一来就拒绝和争辩。否则只会增加彼此沟通的障碍。只有先听，听了以后才有可能沟通。不听，也就失去了沟通的基础和依据。

（5）寻找意见一致之处

当听完反对者的陈述后，先看看哪些是与你意见统一的地方，寻找双方的共同点。有了共同语言，沟通起来就容易得多。

（6）要诚实

当发现自己错了时，不要掩盖自己的错误，要学会承认自己的错，这样，有助于解除反对者的武装，减少他们的攻击性。

（7）考虑反对者的意见，切勿马上指出对方错了

同意是出于真心。如果有朝一日反对者对你说："我早就告诉你了，你就是不听。"那时你就难堪了。如果你说他错了，他不但不会听你的，还伤了他的自尊心，导致人际关系紧张。

（8）为反对者关心你的事情而真诚地感谢他们

肯花时间表达不同意见的人，必然和你一样对同一件事情同样关心，这说明双方有共同的兴趣。因此，把对方看作能帮助自己的人，或许可以把反对者变为你的朋友。

（9）延缓采取行动，让双方都有时间把问题考虑清楚

要反复地问自己："反对者的意见可不可能是对的？他的立场和理由是不是有道理？我的反应是不是有利于解决问题？我将会胜利还是失败？这个难题会不会是我的一次机会？"这样，在双方都有时间把问题考虑清楚的情况下，再做出决定，往往是比较成熟的行为。

中国人最爱面子。尤其是青年人，年轻气盛、自尊心很强，常常为一点小事争得面红耳赤、互不相让。有时即使意识到自己错了，但为了保住面子，也要无理搅三分，甚至不惜攻击对方的人格。这样的争论对人际关系是有百害而无一利的。

相容是一种待人处事的原则。一个人能不能做到相容，跟他的修养、性格、气质等多种因素有关。一般说来，文化素质高、道德品性好、性格开朗、气质安静沉稳的人，往往有比较强的相容性。就拿人的气质来说吧，多血质和黏液质的人，其相容性要高于胆汁质和抑郁质的人。因此，要想做到相容，并不是一件容易的事，它需要我们在许多方面做出努力。

8. 说话抬杠无助于沟通

沟通中，无论对方意见与你是否相同，你都要给予尊重，以高度的气量容人，不要意气用事和对方抬杆，这有碍沟通。

法国大哲学家罗斯费柯说："与人谈话，如果把自己说得比对方好，便会化友为敌，反之，则可化敌为友。"说服别人不应居高临下，"灌输"自己的一套观点，逼迫别人接受。有很多时候，恰恰需要让别人先说，一方面是表示你的谦逊，使别人感觉到你的友善；另一方面你可以借此机会，观察对方的语气、神色及态度，给自己一个测度的机会，这不是两全的方法吗？可是有许多人，说服别人总是好像要压倒对方，或者使对方认为自己是一个不平凡的人物；同时有许多人一开始说话便滔滔不绝，自以为自己是一个长于口才者，殊不知别人会因此对你产生不好的印象。这样的说服变成了压服，完全是你说人听，你将不受人欢迎，人们见了你只想避而不见了。

许多人常常喜欢表示和他人意见不同，因此得罪了许多朋友。如果你常和别人意见相反，不管是在家中还是办公室或是市场上，这个习惯都要改。林肯说过："不论人们如何仇视我，只要他们肯给我一个略说几句的机会，我就可以把他说服！"诚然，任何人都喜欢坚持相信自己相信的事物，而不希望别人来加以反对。凡是他人对我们表示反对的时候，我们一定要寻找许多的方法、许多的理由来为自己辩证。所以，如果一开始就说："我要证明这个""我要证明那个"，这并不是聪明的办法。这样，你显然就站在了别人的对立面了。假使你一开始就不站在别人的对立面，然后再回答别人提出的问题，沟通就容易多了，这好像在和他人共同探讨问题的答案，然后再把你观察得十分透彻的事实摆出来，使别人在不知不觉中接受你的结论，并对你有了十分的信任。

那么，如何预防这种互相"抬杠"的局面呢？应把握以下几个方面：

（1）有所选择的原则

作家尤今说得好："两个人谈天，就像一对齿轮在转动，能不能相互啮合，全看缘分。碰上好的谈话对象，一壶茶、一把瓜子，天南地北，痛快淋漓。你说出来的，他懂；你没有说出来的，你也懂。偶尔，一个眼神眼色，一个微笑，双方便能不约而同地说出同一句话来。嗳，真是快活哪！"尤今妙笔生花，为我们描绘了一个"心有灵犀一点通"的谈话境界，真有点可遇不可求。

然而，只要在自己的生活圈子中，善于选择合适的交谈对象、恰当的时机、温馨的地点，一般都能达到预期的交谈目的。好的交谈对象不是"碰"上的，是"觅"来的。守株待兔，永远只会是孤家寡人的自言自语、心里独白。

（2）适可而止的原则

俗话说：天下没有不散的宴席。同理，天下也没有说不完的话题，无论多么美妙动听的谈话，总有终结的时候。"凫胫虽短，续之则忧；鹤胫虽长，断之则悲。"

交谈更应是有话则长、无话则短。马拉松式的交谈，不但让人感到乏味，也不利于人们的身心健康。唠唠叨叨、软磨硬泡、废话连篇的交谈，无疑是制造痛苦，尤其是一方情绪不佳、身体不适，更应该及早把话匣子关闭。

（3）求同存异的原则

人们往往喜欢把自己的观点强加于人，总是觉得自己的想法比别人的更高明。"说服欲"在交谈中不知不觉地膨胀起来，表现为不尊重对方的意见，非让对方认同自己的观点才罢休。这种想法不但错误而且有害，因为无论是志同道合的好友，还是恩爱无比的夫妻，思想上总是有差异的。如果两个人的想法总是一模一样，其中一个人的存在就是多余的了。

罗斯福曾说过："如果自己所确信的事，有75％的正确性，就应该觉得非常满意了。而75％也是最大的限度，不能再向上提高了。"

因此，在交谈中各抒己见、取长补短、求同存异是十分重要的。否则，只能制造麻烦和不快。